新时代智库出版的领跑者

国家智库报告 2022(25) National Think Tank

中国非洲研究院文库·智库系列

"一带一路"与中非合作

"一带一路"倡议与非洲自贸区建设

杨宝荣 马汉智 著

THE BELT AND ROAD INITIATIVE AND CONSTRUCTION OF THE AFRICAN CONTINENTAL FREE TRADE AREA

中国社会科学出版社

图书在版编目(CIP)数据

"一带一路"倡议与非洲自贸区建设 / 杨宝荣, 马汉智著. —北京: 中国社会科学出版社, 2022.9
（国家智库报告）
ISBN 978-7-5227-0862-1

Ⅰ. ①一… Ⅱ. ①杨…②马… Ⅲ. ①自由贸易区—研究—非洲 Ⅳ. ①F734

中国版本图书馆 CIP 数据核字（2022）第 168387 号

出 版 人	赵剑英
项目统筹	王 茵　喻 苗
责任编辑	郭曼曼
责任校对	季 静
责任印制	李寡寡

出　　版	中国社会科学出版社
社　　址	北京鼓楼西大街甲 158 号
邮　　编	100720
网　　址	http://www.csspw.cn
发 行 部	010-84083685
门 市 部	010-84029450
经　　销	新华书店及其他书店
印刷装订	北京君升印刷有限公司
版　　次	2022 年 9 月第 1 版
印　　次	2022 年 9 月第 1 次印刷
开　　本	787×1092　1/16
印　　张	12.5
插　　页	2
字　　数	115 千字
定　　价	68.00 元

凡购买中国社会科学出版社图书, 如有质量问题请与本社营销中心联系调换
电话: 010-84083683
版权所有　侵权必究

《中国非洲研究院文库》编委会名单

主　任　　蔡　昉

编委会　（按姓氏笔画排序）

　　　　　　王　凤　　王林聪　　王启龙　　王利民　　安春英
　　　　　　邢广程　　毕健康　　朱伟东　　李安山　　李新烽
　　　　　　杨宝荣　　吴传华　　余国庆　　张永宏　　张宇燕
　　　　　　张忠祥　　张振克　　林毅夫　　罗建波　　周　弘
　　　　　　赵剑英　　姚桂梅　　党争胜　　唐志超

充分发挥智库作用
助力中非友好合作

——《中国非洲研究院文库总序言》

当今世界正面临百年未有之大变局。世界多极化、经济全球化、社会信息化、文化多样化深入发展，和平、发展、合作、共赢成为人类社会共同的诉求，构建人类命运共同体成为各国人民共同愿望。与此同时，大国博弈加剧，地区冲突不断，恐怖主义难除，发展失衡严重，气候变化问题凸显，单边主义和贸易保护主义抬头，人类面临诸多共同挑战。中国是世界上最大的发展中国家，是人类和平与发展事业的建设者、贡献者和维护者。2017年10月中国共产党第十九次全国代表大会胜利召开，引领中国发展踏上新的伟大征程。在习近平新时代中国特色社会主义思想指引下，中国人民已经实现了第一个百年奋斗目标，正在意气风发向着全面建成社会主义现代化强国的第二个百年奋斗目标迈进，同时继续努力为人类做出新的更大贡献。

非洲是发展中国家最集中的大陆,是维护世界和平、促进全球发展的重要力量之一。近年来,非洲在自主可持续发展、联合自强道路上取得了可喜进展,从西方眼中"没有希望的大陆"变成了"充满希望的大陆",成为"奔跑的雄狮"。非洲各国正在积极探索适合自身国情的发展道路,非洲人民正在为实现《2063 年议程》与和平繁荣的"非洲梦"而努力奋斗。

中国与非洲传统友谊源远流长,中非历来是命运共同体。中国高度重视发展中非关系,2013 年 3 月习近平担任国家主席后首次出访就选择了非洲;2018 年 7 月习近平连任国家主席后首次出访仍然选择了非洲;6 年间,习近平主席先后 4 次踏上非洲大陆,访问坦桑尼亚、南非、塞内加尔等 8 个国家,向世界表明中国对中非传统友谊倍加珍惜,对非洲和中非关系高度重视。在 2018 年中非合作论坛北京峰会上,习近平主席指出:"中非早已结成休戚与共的命运共同体。我们愿同非洲人民心往一处想、劲往一处使,共筑更加紧密的中非命运共同体,为推动构建人类命运共同体树立典范。"2021 年中非合作论坛第八届部长级会议上,习近平主席首次提出了"中非友好合作精神",即"真诚友好、平等相待,互利共赢、共同发展,主持公道、捍卫正义,顺应时势、开放包容"。这是对中非友好合作丰富内涵的高度概括，是中非双方在争取民族独立和国家解放的历史进程中培育的宝贵财富，是中非双方在发展振兴和团结协作的伟大征程上形成的重要风范，体现了友好、平等、共赢、正义的鲜明特征，是新型国际关系的时代标杆。

随着中非合作蓬勃发展，国际社会对中非关系的关注度不断提高，出于对中国在非洲影响力不断上升的担忧，西方国家不时泛起一些肆意抹黑、诋毁中非关系的奇谈怪论，诸如"新殖民主义论""资源争夺论""中国债务陷阱论"等，给中非关系发展带来一定程度的干扰。在此背景下，学术界加强对非洲和中非关系的研究，及时推出相关研究成果，提升中非国际话语权，展示中非务实合作的丰硕成果，客观积极地反映中非关系良好发展，向世界发出中国声音，显得日益紧迫和重要。

以习近平新时代中国特色社会主义思想为指导，中国社会科学院努力建设马克思主义理论阵地，发挥为党和国家决策服务的思想库作用，努力为构建中国特色哲学社会科学学科体系、学术体系、话语体系做出新的更大贡献，不断增强我国哲学社会科学的国际影响力。中国社会科学院西亚非洲研究所是遵照毛泽东主席指示成立的区域性研究机构，长期致力于非洲问题和中非关系研究，基础研究和应用研究并重。

以中国社会科学院西亚非洲研究所为主体于2019年

4月成立的中国非洲研究院，是习近平主席在中非合作论坛北京峰会上宣布的加强中非人文交流行动的重要举措。自西亚非洲研究所及至中国非洲研究院成立以来，出版和发表了大量论文、专著和研究报告，为国家决策部门提供了大量咨询报告，在国内外的影响力不断扩大。按照习近平总书记致中国非洲研究院成立贺信精神，中国非洲研究院的宗旨是：汇聚中非学术智库资源，深化中非文明互鉴，加强治国理政和发展经验交流，为中非和中非同其他各方的合作集思广益、建言献策，为中非携手推进"一带一路"合作、共同建设面向未来的中非全面战略合作伙伴关系、构筑更加紧密的中非命运共同体提供智力支持和人才支撑。中国非洲研究院有四大功能：一是发挥交流平台作用，密切中非学术交往。办好"非洲讲坛""中国讲坛""大使讲坛"，创办"中非文明对话大会""非洲留学生论坛""中国非洲研究年会"，运行好"中非治国理政交流机制""中非可持续发展交流机制""中非共建'一带一路'交流机制"。二是发挥研究基地作用，聚焦共建"一带一路"。开展中非合作研究，对中非共同关注的重大问题和热点问题进行跟踪研究，定期发布研究课题及其成果。三是发挥人才高地作用，培养高端专业人才。开展学历学位教育，实施中非学者互访项目，扶持青年学者和培养高端专业人才。四是发挥传播窗口作用，讲好中非友好故事。办好中国非洲研究院微信公众号，办好中英文中国非洲研究院网站，创办多语种《中国非洲学刊》。

为贯彻落实习近平主席的贺信精神，更好汇聚中非学术智库资源，团结非洲学者，引领中国非洲研究队伍提高学术水平和创新能力，推动相关非洲学科融合发展，推出精品力作，同时重视加强学术道德建设，中国非洲研究院面向全国非洲研究学界，坚持立足中国，放眼世界，特设"中国非洲研究院文库"。"中国非洲研究院文库"坚持精品导向，由相关部门领导与专家学者组成的编辑委员会遴选非洲研究及中非关系研究的相关成果，并统一组织出版。文库下设五大系列丛书："学术著作"系列重在推动学科建设和学科发展，反映非洲发展问题、发展道路及中非合作等某一学科领域的系统性专题研究或国别研究成果；"学术译丛"系列主要把非洲学者以及其他地方学者有关非洲问题研究的学术著作翻译成中文出版，特别注重全面反映非洲本土学者的学术水平、学术观点和对自身发展问题的见识；"智库报告"系列以中非关系为研究主线，中非各领域合作、国别双边关系及中国与其他国际角色在非洲的互动关系为支撑，客观、准确、翔实地反映中非合作的现状，为新时代中非关系顺利发展提供对策建议；"研究论丛"系列基于国际格局新变化、中国特色社会主义进入新时代，集结中国专家学者研究非洲政治、经济、安全、社会发展等方面的重大问题和非洲国际关系的创新性学术论文，具有基础性、系统性和标志性研究成果的特点；"年鉴"系列是连续出版的资料性文献，分中英文两种版本，设有"重要文献""热点聚焦""专题特稿""研究综述""新书选介""学刊简介""学术机构""学术动态""数据统计""年度大事"等栏目，系统汇集每年度非洲研究的新观点、新动态、新成果。

期待中国的非洲研究和非洲的中国研究在中国非洲研究院成立新的历史起点上，凝聚国内研究力量，联合非洲各国专家学者，开拓进取，勇于创新，不断推进我国的非洲研究和非洲的中国研究以及中非关系研究，从而更好地服务于中非共建"一带一路"，助力新时代中非友好合作全面深入发展，推动构建更加紧密的中非命运共同体。

中国非洲研究院

摘要： 建设非洲大陆自由贸易区是非洲根据自身发展实际和国际形势深刻变革做出的战略抉择，标志着非洲发展进入新时代。非洲国家独立以来，在泛非主义的指引下，开始了艰难的经济一体化探索。从非洲统一组织的成立到非洲联盟的建立，从"非洲发展新伙伴计划"的实施到非盟《2063年议程》的提出，从8个区域经济共同体的成立到非洲经济共同体的建立，非洲在经济一体化方面取得丰硕成果，为推进自贸区建设奠定坚实基础。

非洲大陆自由贸易区建设是非盟推进经济一体化的旗舰项目，承载着非洲实现更高层次一体化的愿望，采取了"增量式"贸易协定方式，体现了全球区域贸易协定的最新进展。非洲建设自贸区旨在提升经济内生增长动力、弥补产业链和供应链短板、改善非洲在全球经贸格局中的不利地位。本土制造能力不足、贸易便利化水平低、集体行动的困境、基础设施匮乏等是非洲大陆自贸区建设亟待解决的难题。

非洲大陆自由贸易区建设为中非共建"一带一路"合作带来全新机遇。基础设施联通是中非共建"一带一路"合作的重要内容，也是非洲大陆自由贸易区实现预期效益的基础和保障。一方面，中非在基础设施领域的已有合作为非洲建设自贸区奠定了坚实基础；另一方面，建设非洲大陆自贸区使中非共建"一带一路"市场更广阔。

"一带一路"倡议中的贸易畅通与建设非洲大陆自贸区的目标完全一致。中国支持非洲扩大对华产品出口，支持非洲提升内部及中非贸易便利性，加快中非自贸合作。"一带一路"倡议与建设非洲大陆自贸区对接将极大促进非洲内部贸易与非洲整体对外贸易水平，提升非洲发展的内生动力。

展望未来，中非应围绕"一带一路"与建设非洲大陆自贸区相对接，加强顶层设计，完善相关机制。双方应稳妥推进中非自贸区谈判。积极推动中非共建"一带一路"三方或多方市场合作。鼓励更多的民营企业参与非洲大陆自贸区建设。

关键词：非洲大陆自由贸易区；"一带一路"倡议；非洲经济一体化

Abstract: The establishment of African Continental Free Trade Area (AfCFTA) is a strategic choice made by Africa based on its own reality and the profound changes of the international sysem, and it marks the entry of a new era in Africa's development. After independence, under the guidance of Pan-Africanism, Africa began a difficult exploration of economic integration, from the establishment of the Organization of African Unity to the establishment of the African Union, from the implementation of the New Partnership for Africa's Development to the *African Union Agenda 2063*. From the establishment of the 8 regional economic communities to the establishment of the African Economic Community, Africa has achieved fruitful results in economic integration, laying a solid foundation for the AfCFTA.

The African Continental Free Trade Area is the flagship project of the African Union to promote economic integration. It carries Africa's desire to achieve a higher level of integration. It adopts an "incremental" trade agreement approach and reflects the latest developments in global regional trade agreements. The construction of a free trade zone in Africa aims to enhance the endogenous growth momentum of the economy, make up for the shortcomings of the industrial chain and supply chain, and improve Africa's disadvantaged position in the global economic and trade structure. Insufficient local manufacturing capacity, low level of trade facilitation, the predicament of collective action, and lack of infrastructure are problems that need to be resolved urgently in the construction of a free trade area on the African continent.

The construction of AfCFTA brings new opportunities for the Belt and Road Initiative (BRI). Infrastructure connectivity is an important element of the BRI between China and Africa, as well as the basis and guarantee for the realization of the expected benefits of the AfCFTA. On the one hand, the existing cooperation between China and Africa in the field of infrastructure has laid a solid foundation for Africa to build AfCFTA. On the other hand, the construction AfCFTA makes China-Africa co-construction BRI market broader.

The goal of the BRI is the same as the goal of AfCFTA. China supports the expansion of African exports to China, supports the enhancement of intra-african and Sino-African trade facilitation and the acceleration of Sino-African free trade cooperation. The connection between the BIR and the construction of AfCFTA will greatly boost the intra-african trade and the overall level of Africa's foreign trade, and enhance the endogenous impetus of Africa's development.

Looking ahead, China and Africa should focus on linking up the BIR with the building of AfCFTA, strengthening top-level design and improving related mechanisms. The two sides should advance negotiations on the China-Africa free trade area in a prudent manner. We will actively promote trilateral or multi-party market cooperation between China and Africa in jointly building BIR. We also encourage more private enterprises to participate in the construction of AfCFTA.

Key Words: African Continental Free Trade Area; Belt and Road Initiative; African Economic Integration

目 录

引 言 …………………………………… (1)

一 非洲经济一体化：历史与现实 …………… (21)

（一）非洲经济一体化的理论基础 ………… (24)

1. 泛非主义与非洲经济一体化 ………… (24)
2. 区域经济一体化理论与非洲经济一体化 ………………………………… (31)

（二）非洲经济一体化的历史进程 ………… (38)

1. 非洲统一组织与非洲经济的一体化 …… (38)
2. 非盟时期的非洲经济一体化 ………… (49)

（三）非洲大陆自贸区的建立 ……………… (55)

1. 非洲大陆自贸区建立的背景 ………… (55)
2. 非洲大陆自贸区的建立过程 ………… (61)
3. 非洲大陆自贸区的基本内容 ………… (64)
4. 非洲大陆自贸区的特点及影响 ……… (67)

二 建设非洲大陆自贸区的机遇、效应与挑战 …………………………………………（76）

（一）建立非洲大陆自贸区的机遇 …………（77）
1. "东升西降"的国际力量对比 …………（77）
2. 非洲具有潜在的人口红利优势 ………（82）
3. 非洲消费市场潜力巨大 ………………（88）
4. 非洲各国领导人建设大陆自贸区意愿强烈 …………………………………………（90）
5. 非洲各区域经济共同体的支柱作用 ……（92）

（二）建立 AfCFTA 的多重效应 ………………（96）
1. 改善非洲的整体福利 …………………（96）
2. 提升非洲在世界政治经济格局中的地位 ……………………………………（99）
3. 促进非洲的和平与安全 ………………（101）

（三）非洲大陆自贸区建设面临的挑战 ……（103）
1. 全球贸易保护主义抬头 ………………（103）
2. 非洲大陆自贸区内制造能力有限 ……（110）
3. 非洲贸易便利化水平低 ………………（112）
4. 集体行动的困境 ………………………（114）
5. 基础设施严重短缺 ……………………（117）
6. 自贸区收益的公平分配问题 …………（119）

三 "一带一路"倡议与非洲大陆自贸区建设 …… （121）

（一）"一带一路"与非洲：历史与现实 …… （122）
1. 非洲是"一带一路"历史和自然延伸 …… （122）
2. 非洲各国积极参与"一带一路"建设 …… （123）

（二）设施联通与非洲大陆自贸区建设 …… （127）
1. 设施联通是 AfCFTA 建设的关键 …… （129）
2. "一带一路"设施联通助力非洲大陆自贸区建设 …… （140）

（三）贸易畅通与非洲大陆自贸区建设 …… （154）
1. 促进贸易便利化 …… （155）
2. 支持非洲提振出口能力 …… （160）
3. 推动中非自贸合作 …… （163）

四 政策建议 …… （165）
1. 加强顶层设计，完善对接机制 …… （166）
2. 务实有序推进中非自贸区谈判 …… （167）
3. 积极推动中非共建"一带一路"三方或多方市场合作 …… （168）
4. 积极支持中国民营企业参与非洲大陆自贸区建设 …… （169）

参考文献 …… （171）

附录 非洲主要国家人口 …… （177）

引　言

2021年1月1日，非洲大陆自由贸易区（African Continental Free Trade Area，以下简称AfCFTA）启动仪式在线上举行，标志着非洲自贸区正式启动。建设AfCFTA将是未来数年主导非洲国家发展转型和非洲大陆经济一体化的核心议程。联合国常务副秘书长阿明娜·穆罕默德（Amina J. Mohammed）在启动仪式上致辞指出，非洲大陆自贸区预计将使非洲各国间工业产品贸易增长25%—30%，推动非洲工业化进程，助力非洲经济在积极应对新冠肺炎疫情的同时实现可持续增长。非洲大陆自贸区秘书长瓦姆科勒·梅内（Wamkele Mene）在启动仪式上表示，"今天的确是一个历史性的日子，从现在起我们正式在非洲大陆自贸区的优惠贸易框架下开展贸易。今天，我们非洲人民见证了非洲大陆的商业与投资关系开辟新篇章"[1]。南

---

[1] 《非洲大陆自贸区协议实施面临诸多挑战》，中华人民共和国商务部，2021年1月7日，http://www.mofcom.gov.cn/article/i/jyjl/k/202101/20210103029273.shtml.

非总统、非盟轮值主席拉马福萨（Matamela Cyril Ramaphosa）表示，非洲大陆自贸区正式启动是非洲一体化进程中最重要的里程碑之一，也是非洲向世界表明"非洲将命运掌握在自己手中"的一次最响亮的表态。加纳总统阿库福 - 阿多（Akufo-Addo）强调："非洲大陆自贸区的建立，标志着一个新的非洲正在崛起。"[①] 就参与国数量而言，AfCFTA 将成为世界贸易组织（WTO）成立之后世界上最大的自由贸易区。

首先，非洲大陆自由贸易区的启动标志着在世界百年未有之大变局和新冠肺炎疫情全球大流行交织的背景下，非洲克服重重困难，迈出了恢复经济、促进转型的坚实一步。非洲大陆自由贸易区原本计划在2020年7月启动，但由于新冠肺炎疫情的影响，不得不推迟到2021年1月。尽管新冠肺炎疫情带来的巨大冲击使原来的计划和谈判被迫中断，但非洲国家领导人推进自贸区尽快启动的意愿越发强烈。非洲大陆自贸区秘书长瓦姆科勒·梅内表示，新冠肺炎疫情并没有从根本上使非洲国家领导人推动自贸区的政治意愿减弱。各国元首们一如既往地决心完成谈判并实现交易。我们都意识到这是非洲的一揽子刺激计划。如果

---

① 《助推经济复苏 非洲大陆自贸区正式启动》，中国经济网，2021年1月4日，http：//intl. ce. cn/sjjj/qy/202101/04/t20210104_36183650. shtml.

要实现非洲的经济复苏,那将是通过非洲自由贸易协定助推非洲内部贸易增长而实现的。① 面对高度不确定、不稳定的全球市场,非洲只有联合自强这一条出路。

非洲大陆自贸区的启动标志着非洲在探索独立自主发展道路迈出关键一步。道路决定命运。独立后,非洲国家探索选择了各种发展道路,如"非洲社会主义""科学社会主义""自由资本主义""有计划的资本主义"等模式,但都遭遇失败。20世纪80年代开始,以美国为首的西方国家又通过新自由主义性质的"经济结构调整计划"主导了非洲的发展,导致非洲"依附性"程度加深。20世纪90年代前后,随着冷战结束,非洲在全球政治经济格局中进一步被边缘化,非洲探索自主发展的意识更加强烈。2001年7月在赞比亚首都卢萨卡召开的非洲统一组织第37届国家元首和政府首脑会议上一致通过的"非洲发展新伙伴计划"(the New Partnership for Africa's Development,NEPAD)是非洲自主制定的第一个全面发展规划。"非洲发展新伙伴计划"认可历史上关于设立地区层面发展计划所做的努力。由于非洲在指导方针以及主导权等

---

① Global Trade Review (GTR), "AfCFTA Secretary General Talks Trade: 'We have Been the Defenders of Multilateralism'", August 7, 2020, https://www.gtreview.com/supplements/gtr-africa-2020/afcfta-secretary-general-talks-trade-defenders-multilateralism/.

种种内外因素上的失误,以往的努力并不成功。但当前的一系列新环境,使这些"计划"得以整合并实际执行。2002年,非洲联盟取代非洲统一组织。非洲独立自强的历史揭开新的一页。而非洲大陆自贸区的启动是非洲探索自主发展道路的最新实践。

最后,非洲大陆自贸区的启动标志着"泛非主义"在21世纪焕发新的生机。正如非洲联盟委员会经济发展、贸易、工业与矿业委员穆昌加(H. E. Albert Muchanga)所指出的,在我们庆祝一周年(非洲大陆自贸区协定生效一周年)的欢乐时刻,我们本着泛非主义和一个大陆的精神呼吁所有非盟成员国在2019年7月的特别峰会之前签署和批准该协定。① 作为一种政治思潮和政治运动,泛非主义在非洲大陆追求独立、解放、复兴中发挥着独特作用,是理解非洲历史发展和一体化进程的重要维度。泛非主义的核心是一种信念,即本土非洲人和散居海外的非洲裔不仅拥有共同的历史,而且拥有共同的命运。作为解放所有非洲人的基础,泛非主义期待建立一个真正团结和独立的非洲,包括非洲大陆上的非洲人和散居各地的非洲人。② 因此,泛非

---

① 《非洲自贸区协定的前世今生》,中华人民共和国商务部,2019年6月20日,http://africanunion.mofcom.gov.cn/article/jd/qt/201906/20190602874399.shtml.

② Hakim Adi (ed.), *Pan-Africanism: A History*, London: Bloomsbury Academic, 2018, p. 4.

主义是建设"非洲人命运共同体"的行动指南和价值坐标。泛非主义作为一种团结非洲的思想武器,其命运与非洲各国对自身命运的理解密切相关。第二次世界大战后,民族解放运动空前高涨,越来越多的非洲国家获得独立。在国际舞台上强调非洲各国主权不容干涉、在国内主张通过国家主导的发展思路使得泛非主义一度沉寂,尤其是泛非主义的旗帜——克瓦米·恩克鲁玛(Kwame Nkrumah)关于先建立非洲合众国的一体化路径被否定后。非洲大陆自贸区的成立使泛非主义焕发新的生机。在泛非主义的旗帜下,非洲国家领导人和非洲人民再次强烈地意识到,一个繁荣的非洲必然是统一的非洲、团结的非洲,没有非洲大陆的团结统一,就没有非洲各国的发展繁荣。非洲大陆自贸区的成立表明"非洲大陆兴,则非洲国家兴"的泛非主义思想具有强大的号召力。非洲大陆自贸区的成立,标志着非洲发展进入了全新时代。

(一)非洲一体化加速推进的新时代

全球政治经济形势的深刻变革对非洲推进一体化具有显著的助推作用。冷战结束使非洲摆脱了两极格局的束缚,地区一体化显著加快。随着经济全球化的剧烈冲击和非洲国家新的发展战略陆续出台,非洲大陆一体化尤其是经济一体化加速进行。20世纪90年代，非洲大陆一批新的经济一体化组织相继建立，如中部非洲安全问题常设协商委员会（1992年）、萨赫勒—撒哈拉国家共同体（1998年）、中部非洲经济和货币共同体（1998年），还有1980年成立的南部非洲发展协调会议1992年改名为南部非洲发展共同体、2002年非洲联盟正式代替非洲统一组织。2008年，国际金融危机爆发以来，世界经济长期低迷，贫富差距、南北差距问题更加突出。世界经济还远没有走出"危机阴影"。国际金融危机导致的世界经济持续衰退和深度转型，使得无论是发达国家，还是发展中国家都在寻求摆脱困境的方案。推动贸易投资自由化是一项低成本、低风险的经济刺激方案，可通过放宽对主要贸易伙伴的市场准入，提升市场份额，形成抱团取暖的局面，遂成为多国的战略选择。① 国际金融危机促使非洲国家决定通过设立自贸区，加大内部贸易，提升经济的抗压能力。2010年12月，在卢旺达首都基加利举行的非盟贸易会议第六届常会上，各国贸易部长提出成立非洲大陆自贸区的倡议，建议到2017年在非洲大陆建立自由贸易区。2019年暴发的新冠肺炎疫情对世界经济和全球贸易投资活动造成严重打击，根据国际货币基金组织（IMF）2020年10月发布的数据，2020

---

① 王琳：《全球自贸区发展新态势下中国自贸区的推进战》，《上海对外经贸大学学报》2015年第1期。

年全球经济增长率预计为-4.4%。受新冠肺炎疫情影响,非洲大陆面临25年来首次经济衰退。非洲地区因疫情造成的经济损失高达990亿美元。① 2021年,全球经济迎来脆弱复苏。2021年10月12日,IMF发布新一期《世界经济展望报告》认为,2021年全球经济继续复苏但势头有所减弱,预计2021年全年经济增长5.9%,较2021年7月的预测值下调0.1个百分点。② 2022年1月25日,IMF发布的《世界经济展望报告》显示,预计2022年全球经济将增长4.4%,较此前预测下调0.5个百分点。③ 面对复杂严峻的世界经济形势,非洲将启动大陆自贸区作为推动经济复苏的一剂良药。非洲大陆自由贸易区秘书长瓦姆科勒·梅内表示,2020年非洲联盟55个国家中,有42个国家全部或部分处于封锁状态。在这一背景下,非洲大陆自贸区的建立有特别的意义,它能够加速非洲经济复苏。梅内认为,要把促进非洲内部贸易作为"复苏推动

---

① 《非洲面临25年来首次经济衰退 因疫情造成的经济损失达990亿美元》,新华社,2021年3月4日,https://baijiahao.baidu.com/s?id=1693276917630420573&wfr=spider&for=pc.

② 《国际货币基金组织发布新一期〈世界经济展望报告〉》,中华人民共和国国家发展和改革委员会,2021年10月29日,https://www.ndrc.gov.cn/fggz/fgzh/gjjjjc/gjzzyc/202110/t20211029_1302373.html?code=&state=123.

③ 《国际货币基金组织:预计2022年全球经济将增长4.4%》,环球网,2022年1月25日,https://world.huanqiu.com/article/46Y8BxWqLBng.

力"。世界上有些国家有能力推出规模较大的经济刺激计划和干预措施,但非洲国家很难推出类似措施。因此,要把非洲大陆自贸区作为新冠肺炎疫情后非洲经济复苏的重要工具加以利用。① 非洲专家普遍认为,大陆自贸区的建设将为非洲国家渡过疫情难关提供更多可能性。加纳外交与地区一体化部长博奇韦(Shirly Ayorkor Botchway)表示,考虑到新冠肺炎疫情对非洲经济的影响,AfCFTA 的实施将使非洲获得经济独立,实现自主发展。联合国非洲经济委员会非洲贸易政策中心的研究指出,新冠肺炎疫情凸显了非洲供应链和价值链中存在的短板,在推动 AfCFTA 落实方面,对上述问题作出改善将有利于非洲工业化议程的推进。

首先,非洲大陆自贸区将是非洲经济一体化的加速器。分析指出,启动非洲大陆自贸区是自非洲殖民主义结束以来最大的经济一体化努力。② 非洲大陆自贸区有助于推动非洲经济共同体建设。1979 年,非洲国家领导人发表了《蒙罗维亚宣言》,提出"非洲地区经济一体化"的计划。1980 年,非洲统一组织(简称

---

① 《专访:非洲大陆自由贸易区为非中合作提供"前所未有的"机遇——访非洲自贸区秘书长梅内》,中国政府网,2021 年 4 月 1 日,http://www.gov.cn/xinwen/2021-04-01/content_ 5597328. htm.

② Global Trade Review (GTR), "AfCFTA Secretary General Talks Trade: 'We Have Been the Defenders of Multilateralism'", August 7, 2020, https://www.gtreview.com/supplements/gtr-africa-2020/afcfta-secretary-general-talks-trade-defenders-multilateralism/.

"非统组织")召开特别峰会,通过了《拉各斯行动计划》,提出建立非洲经济共同体的构想。1991年,第27届非洲首脑会议签订了《非洲经济共同体条约》。条约规定在34年内,经过6个阶段的不懈努力,最终于2025年建成非洲经济共同体。《非洲经济共同体条约》计划在各区域经济共同体建立自由贸易区和关税同盟的基础上,再在全非范围内推动建立自贸区和关税同盟(计划2019年建立)。《非洲经济共同体条约》是一个具有里程碑意义的法律框架,它全面描绘了非洲通过建立一个使用共同货币的单一市场(非洲经济共同体)从而实现非洲充分一体化的路线图。但由于各个地区经济发展水平参差不齐,经济一体化进程有快有慢,关税减让幅度、贸易投资便利化水平相差较大。还由于各次区域经济共同体成员国的身份重叠问题严重,时常产生不同次区域间法律制度在实施中的冲突。上述问题的存在既影响了非洲内部贸易的增长,也拖延了非洲一体化进程。因此,为尽快实现非洲范围内的经济一体化,非盟和各成员国决定通过建设AfCFTA的方式,重新整合各区域经济共同体,形成非洲统一市场,为最终建立非洲经济共同体奠定坚实基础。

其次,实现统一发展是非洲大陆自贸区的重要目标。AfCFTA不仅是一个自由贸易安排,也是非盟以贸易一体化为抓手，最终实现非洲政治、经济等完全统一的旗舰项目。《2063年议程》提出要实现"基于泛非主义理想和非洲复兴愿景的政治上团结、一体化的非洲"的发展愿景。[①] 为实现这一愿景，非盟将AfCFTA作为实现《2063年议程》的旗舰项目。促进一体化发展是贯穿《非洲大陆自由贸易区协定》（以下简称《协定》）的目标和追求。根据《协定》，非洲大陆自贸区的总体目标是：根据《2063年议程》所追求的"一个融合、繁荣与和平的非洲"泛非愿景并在人员流动的推动下，建立一个单一的货物和服务市场，以深化非洲大陆的经济一体化；通过后续回合的谈判，为商品和服务创建一个自由化市场；根据缔约国和区域经济共同体的倡议和规划，致力于促进资本和自然人的流动，并推动投资发展；为以后建立非洲大陆关税同盟打下基础；解决成员国身份重叠带来的挑战，加快区域和非洲大陆一体化进程。非盟启动非洲大陆自贸区建设的目的是使AfCFTA成为促进团结发展的杠杆和平台。因此，AfCFTA肩负着促进非洲一体化和发展的双重使命。正如非盟副主席托马斯·奎西·夸蒂（H. E. Kwesi Quartey）所指出的，非洲的强大立场植根于有效执行有助于非洲大陆发展的项目，特别是有助

[①] African Union, *Agenda 2063: The Africa We Want* (Final Edition), April 2015, p. 4.

于巩固非洲一体化和统一的项目。① 因此，AfCFTA 是一种"泛非贸易方式"（Pan African Approach to Trade）。② 非盟的目的利用 AfCFTA 建设非洲合众国（United States of Africa），③ 使非洲在国际舞台上实现更大的自我主张。

（二）非洲自主发展能力增强的新时代

21 世纪以来，非洲想要和能够实现独立自主发展的愿望和能力越发强烈。在经济全球化浪潮的冲击下，非洲国家领导人对非洲大陆不断在世界经济中被边缘化的处境进行了全面反思。非洲国家领导人和民众逐渐意识到，非洲不应盲目迷信和模仿西方的发展道路，非洲人民要掌握自己的命运。非洲各国领导人应主动承担起推动发展的职责，研究制定符合非洲国家实际和利益的经济发展战略，而非洲各国所制定的经济发

---

① African Union, "African Continental Free Trade Area Gathers Strong Impetus to Boost Economic Growth", March 17, 2018, https：//au. int/en/pressreleases/20180317/african-continental-free-trade-area-gathers-strong-impetus-boost-economic.

② African Union, *Agreement Establishing the African Continental Free Trade Area*, March 2018, https：//au. int/sites/default/files/treaties/36437-treaty-consolidated_ text_ on_ cfta_ -_ en. pdf.

③ Franklin Obeng-Odoom, "The African Continental Free Trade Area", *American Journal of Economics and Sociology*, Vol. 79, No. 1, January 2020, p. 180.

展战略必须充分考虑国内和国际环境两方面的要素。①基于上述考虑，非洲国家于 2001 年出台了"非洲发展新伙伴计划"，其突出特点是立足自主发展、争取国际支持。NEPAD 的出台意味着在经历了近半个世纪的探索失败后，非洲国家日益强烈的"非洲问题非洲解决"的愿望。NEPAD 突出强调非洲自身的主动权和非盟在解决非洲问题上的领导权。NEPAD 力图通过可持续的全面发展，彻底改变非洲在全球化进程中的不利地位。为实现全面发展的目标，NEPAD 确立了一系列具体目标。② NEPAD 的自主性主要体现在以下两个方面：其一，突出对外合作中"以我为主"定位，其二，重视发展能力建设。③ 杨立华指出，自独立以来，非洲国家一直在探寻独立自主的发展道路……在进入 21 世纪后，非洲的自主一体化发展取得多方面进展，呈现不可逆转的态势。④ 杨宝荣指出，开放条件下自主发展战略是 21 世纪以来非洲国家根据国际形势新变化，探索自主发展的重要表现，坚持在开放条件下

---

① 姚桂梅：《非洲经济发展的主要特征评述》，《西亚非洲》2005 年第 4 期。

② 周玉渊：《从被发展到发展：非洲发展理念的变迁》，《世界经济与政治论坛》2013 年第 2 期。

③ 杨宝荣：《非洲开放式自主发展与"一带一路"中非产能合作》，经济管理出版社 2018 年版，第 17 页。

④ 杨立华：《自主发展是非洲和平发展的关键》，《非洲研究》2012 年第 1 卷（总第 3 卷）。

寻求自主发展的战略的已成为引导非洲发展的重要方向。① 李新烽也指出，20 世纪是非洲追求和实现民族独立和解放，21 世纪则是非洲追求完全自主、联合自强。② 卢旺达总统保罗·卡加梅（Paul Kagame）指出，非洲必须团结一致才能提高全面竞争力。③ 独立自主的非洲正在国际舞台扮演更加重要的角色。正如国务院总理李克强指出的，"今天的非洲，是生机勃勃的非洲，是世界政治舞台上的重要一极，全球经济增长新的一极，人类文明的多彩一极"④。

建设大陆自贸区是非洲追求自主发展的结果。长期以来，非洲经济的突出特点是"依附性"发展。严重依赖全球市场是非洲经济发展一直无法解决的结构性难题。在关于非洲经济发展的各种评估和报告中，外部市场的不确定性一直是制约非洲经济可持续增长的最重要因素。非洲开发银行发布的《2019 非洲经济展望》认为，全球贸易紧张局势持续发酵，发达经济

---

① 杨宝荣：《非洲开放式自主发展与"一带一路"中非产能合作》，经济管理出版社 2018 年版，第 1 页。
② 李新烽：《自主自强已成非洲国家共识》，《人民论坛》2019 年第 S1 期。
③ 转引自李安山《"向东看"鼓舞非洲自主自强》，《光明日报》2018 年 3 月 28 日。
④ 《李克强在非盟会议中心演讲全文：开创中非合作更加美好的未来》，中国政府网，2014 年 5 月 5 日，http：//www.gov.cn/guowuyuan/2014-05/05/content_ 2671998.htm.

体利率趋于正常及国际大宗商品价格波动带来的风险抑制非洲经济增长。[①] 2014 年以来，国际大宗商品价格持续下跌，导致非洲主要经济体面临严重的经济下滑压力。由于对外贸易依存度高，导致国际金融危机对非洲的冲击特别大。非盟力图通过 AfCFTA 创造一个统一的大市场，从而提高非洲各国在非洲大陆和全球市场的竞争力，进而推动区域产业链发展，促进工业化，以致摆脱"依附性"发展的窠臼，使非洲实现真正的经济独立。正如分析指出的，AfCFTA 的实施将加强非洲内部经济和政治整合。从根本上说，非洲大陆自由贸易协定寻求使非洲经济多样化，帮助它们摆脱剥削主义转向制成品和服务，甚至更加强调通过工业化追求结构变革。

建设非洲大陆自贸区将推动非洲自主发展迈上新台阶。AfCFTA 的建设是一个全面、系统的工程。AfCFTA 不仅追求建立一个统一的大市场，促进人员、资本、货物、服务等自由流动，而且还明确关注可持续发展、性别平等、粮食安全等议题。显然，AfCFTA 不只是一个非洲追求经济繁荣的议程，而是有关非洲政治、经济、社会、安全等在内的全方位日程。非洲大陆自贸区所追

---

① African Development Bank, "Africa's 2019 Economic Outlook", February 4, 2019, https://www.africa.com/afdb-report-africas-2019-economic-outlook/.

求的不只是经济上的繁荣自主，而是包括经济、政治、社会、文化等全方位的独立自主。从这个意义上来说，非洲大陆自贸区与非洲一体化的愿景高度一致，与泛非主义的理想高度一致，与非洲已有的一体化安排和愿景高度一致。建设非洲大陆自贸区是非洲实现《2063年议程》所追求的"一个融合、繁荣与和平的非洲"关键一步。因此，非洲大陆自贸区将推动非洲实现全面的自主发展，助推非洲自主发展升级。

（三）非洲开放发展水平跃升的新时代

在当前中美经贸摩擦愈演愈烈、贸易保护主义抬头和多边贸易体制失灵的大背景下，非洲大陆自由贸易区的成立发出了非洲支持开放地区主义和发展合作的强烈信号。非洲通过建立非洲大陆自由贸易区也向全世界发出信号，表明其致力于多边主义和全球相互依存。非洲呼吁世界其他国家重新致力于利用和加强多边贸易体系，以促进世界各国人民的共同繁荣。[①] 联合国贸易和发展会议秘书长穆希萨·基图伊（Mukhisa Kituyi）指出，非洲在等待全球保护主义退潮的过程

---

① 《非洲自贸区协定的前世今生》，中华人民共和国商务部，2019年6月20日，http://africanunion.mofcom.gov.cn/article/jd/qt/201906/20190602874399.shtml.

中，还必须从东亚和拉丁美洲的经验中吸收教训，那就是充分利用区域价值链以打造高效的贸易能力。非洲各国之间的贸易往来会提升非洲的贸易能力，从而让非洲在全球市场占有更大份额。而非洲要在全球贸易中占有一席之地，就要建设必要的能力，实现必要的结构转型。因此，为了共同打造非洲劳动力和商品的本土及全球竞争力，建立非洲自由贸易区是重要的一步。① 非洲大陆自贸区秘书长瓦姆科勒·梅内表示，在过去的四年中，当世界其他国家或地区提高关税时，非洲地区一直在降低关税。当世界其他国家或地区增加投资壁垒时，非洲一直在减少投资壁垒。非洲一直是多边主义的捍卫者。非洲参考了《WTO协议》，并研究了来自世界各地的自由贸易协定，并对其进行了改进，这最终使我们达成了当今世界上最全面、最雄心勃勃、影响最深远的贸易协定（作者注：《非洲大陆自由贸易区协定》）。作为非洲人，我们为基于规则的贸易体系做出的贡献感到自豪。当前的多边贸易体系有许多缺陷，自1994年以来，非洲国家也一直注意到了这些缺陷。尽管存在根本性的弱点，但当其他国家或地区的行为与世贸组织的精神和宗旨相违背时，

---

① 《非洲具有洲内贸易的卓越潜质》，非洲振兴网，2019年10月1日，https：//www.un.org/africarenewal/zh/magazine/2018.

非洲国家仍为世贸组织辩护。① 非洲经济转型中心（African Center for Economic Transformation，ACET）高级研究员卡罗琳·肯德·罗布指出，世界各国各地区都在质疑贸易协定和经济一体化，同时放弃全球合作、领导权和集体行动。政治动力正在推动短期主义、两极分化和孤立主义。然而，我们面临的多重威胁需要长期思考和加强合作——这正是 AfCFTA 所代表的。当世界转向一个方向时，非洲联盟则通过努力加深整个非洲大陆的联系而朝着另一个方向发展。②

大陆自贸区建设将进一步推动非洲的开放发展。非洲大陆自贸区坚持开放的地区主义，不是关起门来搞建设，更不是拒绝国际合作。非洲大陆自贸区启动以来，非盟及非洲各国领导人多次强调，非洲大陆自贸区建设将给世界各国加强与非洲合作带来难得的机遇，也明确表达了想要加大合作的愿望。非洲大陆自贸区建设为国际社会加大对非投资，进一步助推非洲实现开放发展提供了宝贵契机。联合国非洲经济委员会专家斯蒂芬·卡林吉认为，非洲大陆自贸区建设将

---

① Global Trade Review（GTR），"AfCFTA Secretary General Talks Trade：'We have been the Defenders of Multilateralism'"，August 7，2020，https：//www.gtreview.com/supplements/gtr-africa-2020/afcfta-secretary-general-talks-trade-defenders-multilateralism/.

② Caroline Kende-Robb，"6 Reasons Why Africa's New Free Trade Area is a Global Game Changer"，February 9，2021，https：//www.weforum.org/agenda/2021/02/afcfta-africa-free-trade-global-game-changer/.

为中非合作带来新可能。以航空工业为例，中国一直在该领域拥有较强的科学技术能力，借助着自贸区建设带来的有利政策，中国有望帮助非洲国家扭转严重依赖西方航空技术的态势。[1] 非洲大陆自贸区贸易促进与项目主管弗朗西斯·曼格尼指出，基础设施建设、贸易便利化机制和能源开发是自贸区发展的优先考量，非洲在上述领域不仅要建立单一市场，还要以更加开放的政策欢迎国际投融资。显然，自贸区建设将推动非洲进一步拓宽与中国合作的内容。[2] 非盟常驻中国代表拉赫玛特·奥斯曼表示，非洲大陆自贸区将与"一带一路"对接，尤其是基础设施联通方面。他强调，非洲迫切需要建设与贸易相关的基础设施，中非共建"一带一路"将为非洲改善贸易畅通的基础条件提供可能。在助推非洲建设自贸区的同时，自贸区框架内的贸易、投资、营商等政策也将使参与其中的各国企业获益。[3]

非洲大陆自贸区启动后，非盟与中国、美国等国家签署了一系列协议或声明，显示了非洲扩大开放的

---

[1] 《非洲大陆自贸区成立 中非合作迎来更多机遇》，《新华日报》2019年9月4日第14版。

[2] 《非洲大陆自贸区正式启动！中非贸易迎来新机遇！》，搜狐网，2021年1月7日，https://www.sohu.com/a/443034228_100030096。

[3] 《非洲大陆自贸区正式启动！中非贸易迎来新机遇！》，搜狐网，2021年1月7日，https://www.sohu.com/a/443034228_100030096。

强烈愿望。2019 年 5 月，美国和非盟发布了关于发展非洲大陆自由贸易区的联合声明。声明指出，美国和非洲联盟有一个共同的愿望和目标，那就是深化贸易和投资问题上的对话与合作，增加美国和非洲之间的贸易和投资。美国认可非盟表示有兴趣开展密切合作，以确定美国可以在非洲大陆自贸区方面进行合作的方式。美国和非盟愿意就非洲大陆自贸区进行合作，促进良好的贸易政策环境，提升区域规模经济以及促进非洲大陆商品和服务的流动，以增加非洲大陆贸易和投资，进而提升美国和非洲之间的贸易和投资。美国和非盟计划共同确定如何推动非洲大陆自由贸易区实施的相关主题领域，为下一步美国为非洲提供援助做好准备。美国和非盟准备共同努力，推动支持相关优先领域。美国和非盟有一个共同的愿望，就是在《非洲增长与机会法案》（该法案定于 2025 年到期）之外，寻求更深层次的贸易和投资联系，促成美国和非洲之间建立贸易伙伴关系，以此支持区域一体化。[①] 2020 年年底中国与非洲联盟签署了《中华人民共和国政府与非洲联盟关于共同推进"一带一路"建设的合

---

① Office of the United States Trade Representative, *Joint Statement Between the United States & the African Union Concerning the Development of the African Continental Free Trade Area*, August 5, 2019, https：//ustr.gov/about-us/policy-offices/press-office/press-releases/2019/august/joint-statement-between-us-african.

作规划》（以下简称《合作规划》）。《合作规划》是中国和地区性国际组织签署的首个共建"一带一路"规划类合作文件，围绕"一带一路"中的"五通"，明晰了双方合作的内容和重点项目，列出了双方合作的时间表、路线图。《合作规划》的签署和实施，将有力推动中非共建"一带一路"与非盟《2063年议程》全面衔接，实现彼此优势互补，一起克服全球性挑战，推动中非共建"一带一路"更高质量的发展。[①]在新冠肺炎疫情肆虐和非洲大陆自贸区启动的背景下，《合作规划》的签订表明了非洲期待加大与中国合作建设自贸区的强烈愿望。

---

① 《中国非盟"一带一路"合作规划将推动共建"一带一路"倡议同非盟〈2063年议程〉对接》，中华人民共和国国家发展和改革委员会，2020年12月16日，https：//baijiahao.baidu.com/s? id = 1686230952492694400&wfr = spider&for = pc.

一　非洲经济一体化：历史与现实

第二次世界大战后，区域经济一体化迅速发展成为全球经济发展的主流趋势，有力地推动了世界经济的全球化进程。从20世纪90年代至今，各类区域经济一体化组织持续在全球范围内涌现，形成了一股强势的新力量。据统计，目前向WTO备案的有305项区域贸易协定，涵盖商品和服务贸易。当前，新一轮的区域经济一体化正如火如荼地进行，原因在于：一是当前全球市场的逐步完善尤其是各国的市场化改革实践，为区域经济向纵深发展奠定了制度基础。二是世贸组织的突出短板以及近年来多边贸易谈判所遭遇的挫折和停滞，进一步成为刺激区域经济合作的动力。多哈回合谈判已陷入持续数年的僵局，美英等发达国家和印度、巴西等新兴市场经济体开始逐渐放弃多哈回合谈判。与多哈回合谈判下的多边贸易谈判制度和安排不同，区域性贸易协定能够在范围更小的成员国之间开展相互磋商谈判，从而达成更加优惠的经贸合作条件。区域性的贸易安排可以将成员国的发展利益紧密连接在一起，并使得这种经济利益的连接逐步扩展到成员国在政治、外交和文化等方面的联系。因此，区域性的经贸协定在多哈回合谈判止步不前的大环境下开始迈入更加繁荣发展的新阶段。[①] 当今世界正面临百年未有之大变局，但经济全球化和区域一体化势不可当。

经济一体化被认为是解决非洲发展困境的有效方案。对于经济发展水平低、规模小、实力弱的非洲国家而言，经济一体化是其历史发展的必然应对措施。从区域或次区域的维度来推进非洲经济一体化，几乎成为公认的非洲复兴的策略。[②] 2000年2月17日，联合国非洲经济委员会执行秘书兼联合国副秘书长金斯利·Y. 阿莫科博士（Kingsley Y. Amoako）在华盛顿召开的美非关系会议（Conference on US-Africa Relations）开幕式上说："区域一体化是非洲在21世纪成功的关键。"[③] 非

[①] 申现杰、肖金成：《国际区域经济合作新形势与我国"一带一路"合作战略》，《宏观经济研究》2014年第11期。

[②] 张瑾：《非洲区域经济一体化探索：南部非洲发展共同体30年》，浙江人民出版社2014年版，第3页。

[③] Henry Kyambalesa and Mathurin C. Houngnikpo, *Economic Integration and Development in Africa*, England: Hampshire, Ashgate Publishing Limited, 2006, p. xxv.

洲开发银行发布的《非洲经济展望报告2019》称,一体化是非洲经济实现可持续发展的关键。报告指出,如果非洲大力推进以下措施的落地:取消非洲国家的双边关税;取消货物与服务贸易的非关税壁垒;实施WTO关于贸易便利化的协议,减少跨境贸易的时间和交易成本等将可能为非洲带来每年4.5%的GDP增速。报告还提出,通过建立统一的金融治理架构,实现全非范围内人员、货物及服务的自由流动,提供公共产品,将大大促进非洲经济增长。[①]

非洲经济一体化建设依然任重道远。非洲内部贸易占比低、一体化程度有限以及与基础设施的联系程度有限,这些都是提高非洲国家经济全球竞争力和消除贫困的额外障碍。非洲需要加快非洲大陆一体化的步伐,促进非洲内部贸易,并通过基础设施建设改善互联互通。到目前为止非洲经济一体化进程已经取得了很多成就,但是前面的路还很远。[②] 经过半个世纪的努力,非洲经济一体化已经取得了可观的进展,例如已在整个非洲大陆范围和各个次区域层面建立了相对健全的制度及保障机制,明确了实现经济一体化的具

[①]《经济一体化促进非洲经济发展》,中国社会科学网,2019年2月13日,http://news.cssn.cn/zx/bwyc/201902/t20190213_4824475.shtml.

[②] African Union, *Economic Integration*, https://au.int/en/auc/priorities/economic-integration.

体蓝图。同时，在具体实践中也取得了一定的成绩。然而，由于历史和现实的种种原因，非洲经济一体化面临许多问题和困难，因此至今仍然处于较低的发展水平。①

（一）非洲经济一体化的理论基础

非洲经济一体化有着深厚的理论根基。泛非主义主张的"非洲一体性"是非洲经济一体化的理论基础和思想指导。而经济一体化理论揭示的一体化的潜在效应是非洲追求一体化的现实依据。

1. 泛非主义与非洲经济一体化

谈到非洲的一体化，泛非主义是绕不过的主题。独立后，无论是非洲统一组织的成立，还是非洲联盟的建立，抑或是非洲各区域经济共同体的发展无不体现着泛非主义的价值追求。没有任何一个例子可以比非盟自身更好地体现泛非主义。非盟本身的成员不仅包括55个非洲会员国，而且包括整个散居在海外的非洲侨民。散居者被指定为非盟的"第六地区"，由居住在非洲大陆以外的非洲原住民组成，无论其国籍如何……他们都将为非洲大陆的发展和非洲联盟的建设

---

① 舒运国：《非洲经济一体化五十年》，《西亚非洲》2013年第1期。

做出贡献。因此，如果泛非主义是一条大河，那么各种非洲一体化及其联合自强的制度设计、政策举措无疑是汇入这条大河的支流。尽管对泛非主义的具体概念尚有分歧，但多种泛非主义和泛非主义者的共同基础是对非洲各国人民和非洲散居侨民的团结、共同历史和共同目标的信念，以及他们的命运是相互关联的概念。

（1）泛非主义的缘起

泛非主义的历史可追溯到19世纪中叶，其理论最初是由曾经在反对奴隶制度、种族主义和殖民主义的斗争中充当先锋角色的非裔侨民构建的。美国黑人沃斯特和布利登博士最先提出在美国的黑人和非洲人民共命运的思想。西印度群岛黑人马丁·德拉尼（Martin Delany）提出"非洲人的非洲"。1897年，美国黑人知识分子杜波依斯（W. E. Du Bois）继而又提出了"泛黑人运动"的思想。1897年，特立尼达律师亨利·西尔威斯特·威廉斯（Henry Sylvester Williams）建立非洲协会。至此，泛非主义的胚胎基本形成。早期，泛非主义思想的创始人和领导力量是非裔美国人和非裔加勒比人，如亨利·西尔维斯特·威廉斯、乔治·帕德莫尔（George Padmore）、杜波依斯、C. L. R. 詹姆斯（C. L. R. James）等。其中，美国著名的黑人学者杜波依斯既是泛非主义思想的创始人之一，又是泛非主义运动的最著名的领袖,被非洲人民誉为"泛非主义之父"。泛非主义最先产生于美洲,但通过美洲黑人传回到非洲大陆、美洲黑人传教士到非洲大陆进行传教以及非洲大陆的黑人学生到美国学习等形式,非洲本土黑人与海外黑人发生了各种联系和交流。正是通过多种形式的交流联系,泛非主义逐渐在非洲扎根,并逐步在非洲黑人知识分子中传播。①

需要指出的是,由于在不同阶段、不同地理环境下,泛非主义的内容并不一致,因此得出一个关于什么是泛非主义的明确概念并不容易。但应该明确的是,历史上有两股主要的泛非主义思潮。即跨大西洋奴役时期出现的早期的泛非主义起源于非裔,强调所有非洲人的团结,并期待着他们的解放和非洲大陆的解放。最近的泛非主义出现在1945年后非洲大陆的反殖民斗争的背景下。这种形式的泛非主义强调非洲大陆各国的团结、解放和进步,常常承认散居非洲人和包容的重要性。②

(2) 泛非主义的发展

这里采用舒运国教授的划分,将泛非主义的发展分为三个阶段:③ 第一阶段:1900—1963 年,泛非主

---

① 舒运国:《泛非主义与非洲一体化》,《世界历史》2014 年第 2 期。
② Hakim Adi (ed.), *Pan-Africanism: A History*, London: Bloomsbury Academic, 2018, pp. 3–4.
③ 舒运国:《泛非主义与非洲一体化》,《世界历史》2014 年第 2 期。

义的初始阶段。这个时期泛非主义的主要目标是反对殖民主义和种族压迫，争取作为黑人的种族自由与整个非洲大陆的独立。1900 年，在亨利·西尔威斯特·威廉斯的推动下，来自美国、非洲的 57 名代表在英国伦敦举行了第一次泛非会议。会议围绕全世界黑人境遇的问题展开讨论，提出黑人应享有与白人一样的权利，会议还强烈谴责南非布尔人实施的种族歧视政策。会议决定将"非洲协会"改为"泛非协会"。同时，会议决定创办机关刊物《泛非》月刊，宣传和介绍泛非主义思想。1919—1927 年间，泛非大会先后在巴黎、伦敦、里斯本、纽约等地召开。第五届泛非大会于 1945 年 10 月在英国曼彻斯特召开。会议选举杜波依斯为大会主席，并推举夸梅·恩克鲁玛（Kwame Nkrumah）、乔莫·肯雅塔（Jomo Kenyatta）、彼得·阿伯拉罕姆斯（Peter Abrahams）等非洲民族主义领袖参加领导工作，这次大会预示了泛非主义的领导权将从非裔美国人转移到非洲人。这一时期，泛非主义最突出地体现为，1945 年泛非大会后，泛非运动的政治影响力不断扩大，黑人文化认同、反对奴隶制和外来殖民统治等思想获得越来越多的支持。在此影响下，非洲去殖民化的进程不断加快。1957 年，加纳获得政治独立，标志着去殖民化时期建立新国家的开始。1960 年，有 26 个非洲国家获得独立。

第二阶段：1963—2000 年，泛非主义的探索发展阶段。在这一阶段泛非主义在助推非洲大陆各国实现政治独立的同时，对非洲一体化进行了初步的探索，其中的标志性事件是非洲统一组织的成立。经过 1960 年 17 个非洲国家获得独立的高潮，到了 1963 年，非洲大陆上宣布独立的国家达到 31 个。显然，整个非洲大陆的总体政治形势发生了重大变化。此时泛非主义关注的焦点开始转移到如何设计非洲大陆的一体化。围绕着具体路径，第二代泛非主义者之间产生了严重分歧，但最终达成妥协，非洲统一组织就是妥协的产物。客观来说，这一时期泛非主义并没有随着非洲各国获得独立而获得巨大生命力。民族解放和非洲统一是泛非主义的两大支柱。20 世纪 60 年代，随着非洲多国获得了梦寐以求的政治独立，巩固新生政权成为绝大多数非洲国家的强烈愿望。在国际舞台上，非洲各国寻求以"民族国家"的身份参与国际事务，彰显自身合法性。在发展领域，国家主义的发展思路主导着非洲国家发展。非洲统一方面的泛非主义思想从非洲统一组织话语中消失了。[1] 虽然泛非主义在民族解放斗争期间成为非洲领导人和社会活动家的有力动员武器，但独立后它在非洲精英关于发展问题的讨论中几乎没

---

[1] 伊萨·施瓦基：《"全球南方"中的非洲出路何在——万隆会议和泛非主义的教训》，《国际社会科学杂志》（中文版）2016 年第 4 期。

有出现。政治的独立并没有使非洲经济发展变得"水到渠成"。尽管非洲各国付出卓绝努力，但均以失败告终。面对一系列发展战略和规划的相继失败、新自由主义性质的"经济结构调整方案"无法奏效及以亚洲为代表的世界其他地区迅速发展，非洲步履蹒跚地进入了 21 世纪。为了更好地应对经济全球化的严峻挑战，避免被继续边缘化的命运，非洲国家领导人及民众意识到必须重新举起泛非主义的旗帜。

第三阶段：2000 年至今是泛非主义的发展阶段。在这一阶段，非洲一体化得到了比较全面的发展，其标志性事件包括："非洲发展新伙伴计划"的通过、非盟的成立、《2063 年议程》的出台、非洲大陆自贸区的建立等。这一时期，泛非主义与"非洲复兴思想"紧密结合起来，成为 21 世纪非洲经济一体化的指导思想。2001 年 7 月，非洲国家领导人在赞比亚首都卢萨卡召开的非洲统一组织第 37 届国家元首和政府首脑会议上通过了"非洲发展新伙伴计划"。NEPAD 是泛非主义的产物，从指导思想来说，NEPAD 的指导思想——"非洲复兴思想"的源头正是泛非主义思想。NEPAD 是由非洲独立自主完成的一个全面规划非洲政治、经济和社会发展目标的蓝图，解决非洲大陆面临的贫困加剧、经济落后和被边缘化等问题。

（3）泛非主义是非洲一体化的理论基础和指导思想

泛非主义最显著的特点就是强调"非洲一体性"。

泛非主义主张非洲是一个整体，而非洲各民族尤其是黑人种族同样是一个整体，因此，非洲人民（包括海外非洲裔）在反对西方列强的斗争中，必须团结一致，首先要推翻西方殖民主义和种族主义的统治，取得非洲大陆的独立，随后建立非洲合众国最终实现非洲大陆的统一。[①] 由于泛非主义"非洲一体性"的内在意蕴与非洲一体化的内在诉求相吻合。因此，19世纪就诞生的泛非主义并没有过时，而是在一个多世纪里不但引导非洲大陆各国相继获得政治独立，而且成为非洲一体化的理论基石和思想源流。正如非盟指出的，泛非主义是一种意识形态和社会运动，它鼓舞了全世界非洲人的团结。它基于以下信念：团结对于经济、社会和政治进步至关重要，并旨在"统一和提升"非洲人后裔。泛非主义主张，所有非洲人民和国家的命运是交织在一起的。泛非主义的核心是一种信念，即非洲大陆和散居在外的非洲人民不仅拥有共同的历史，而且拥有共同的命运。加纳的第一任总统恩克鲁玛就是一位杰出的泛非主义者。他相信一旦非洲人团结起来，殖民主义就会结束。正如他所说，如果非洲人不团结在一个泛非政府的领导下，非洲将走向灭亡或被殖民。[②]

[①] 舒运国：《泛非主义与非洲一体化》，《世界历史》2014年第2期。

[②] Kwame Nkrumah, "We Must Unite Now or Perish, Speech Given at the OAU Meeting in Addis Ababa", July 17, 2020, http://gateteviews.rw/we-must-unite-now-or-perish-dr-kwamenkrumah/.

2. 区域经济一体化理论与非洲经济一体化

世界范围内，区域乃至整个世界的经济一体化的出现和加速与经济一体化理论的发展和演变密不可分。理论和实践充分证明，经济一体化是实现繁荣发展的必由之路。非洲经济一体化的实践正是在世界区域经济一体化实践和理论都取得进展的背景下，不断向前推进的。作为第二次世界大战后出现的理论，区域主义（regionalism）在20世纪50年代和20世纪60年代被视为实现安全、和平、发展与福利的一项重要战略，欧洲绝非唯一。[①] 尽管欧洲的区域一体化是最突出的例子，但世界其他地区（如拉丁美洲、亚洲和非洲）也采用了不同的一体化。

(1) "经济一体化"的概念

区域化和某种制度形态只是"经济一体化"的表现，而其实质是强调不同经济体之间的经济联系的密切程度。《新帕尔格雷夫经济学大辞典》中关于"经济一体化"的定义认为，在日常用语中，一体化被定义为把各个部分联结成为一个整体。在经济类文献中，关于这个术语的定义并不明晰。"一方面，两个独立的

---

① Samuel O. Oloruntoba, *Regionalism and Integration in Africa: EU-ACP Economic Partnership Agreements and Euro-Nigeria Relations*, Palgrave Macmillan, 2016, p. 1.

经济体之间，如存在贸易上的往来就可认为是经济一体化；另一方面，经济一体化又指各经济体之间的完全联合。"① 经济学家贝拉·巴拉萨（Bela Balassa）在《经济一体化的理论》一书中提出："我们建议将经济一体化定义为既是一个过程（a process），又是一种状态（a state of affairs）。就过程而言，它包括采取种种措施消除各国经济单位之间的歧视（discrimination），就状态而言，则表现为各国之间各种形式的差别的消失。"② 巴拉萨将经济一体化分为 5 种形式：自由贸易区、关税同盟、共同市场、经济同盟、完全的经济一体化。从动因上来说，经济一体化的基本动力不仅出自经济考虑，而且还包括社会、安全、技术和政治因素。例如就政治因素而言，经济一体化或至少是经济合作的基本动力源于这样一种假设，即社会经济发展的过程需要某种形式的国际合作或相互依存。③

（2）区域经济一体化的概念及效应

与经济一体化紧密相连的概念是区域经济一体化。自欧洲煤钢共同体成立以来，区域经济一体化这一国

---

① 转引自谢来辉《"一带一路"的理论本质是经济一体化》，《辽宁大学学报》（哲学社会科学版）2019 年第 1 期。

② Bala Ballasa, *The Theory of Economic Integration*, George Allen & Unwin, 1962, p. 1.

③ Henry Kyambalesa and Mathurin C. Houngnikpo, *Economic Integration and Development in Africa*, Hampshire: Ashgate Publishing Limited, 2006, p. xxiv.

际经济现象受到越来越多的关注。弗里茨·马克卢普（Fritz Machlup）批评巴拉萨的观点，提出经济一体化不仅适用于不同国家，还可指在一国内部的各地区之间的融合。自此以后，"区域性"和"全球性"两个特征成为研究经济一体化的新视角。[1] 区域经济一体化主要指某一区域的若干国家和次区域通过相互之间的协定，较少或甚至取消贸易和要素流动限制，拓展合作，使产品和要素在这些国家和区域内自由流动，从而实现各成员体产品资源和要素资源最佳配置的过程或状态。[2] 世界银行前副行长约翰内斯·林恩（Johannes F. Linn）为区域经济一体化做了一个更加具体的定义，即在一个特定的地理区域，不同国家的经济主体之间通过贸易、运输和通信、资金流动和迁移形成的经济联系。也有学者认为，区域经济一体化被描述为各国齐聚一堂，以分享知识、促进政策制定和增长、促进和平与安全、促进贸易和教育发展。[3] 世界银行将区域一体化描述为，在一个区域内，要素和商品市场的一体化以及跨主权管辖区的政策协调，兼备深度和

---

[1] Fritz Machlup, *A History of Thought on Economic Integration*, The Macmillan Press Ltd., Columbia University Press, 1976, pp. 11 – 15.

[2] 张瑾：《非洲区域经济一体化探索：南部非洲发展共同体30年》，浙江人民出版社2014年版，第13页。

[3] Victor H. Mlambo and Daniel N. Mlambo, "Challenge's Impeding Regional Integration in Southern Africa", *Journal of Economics and Behavioural Studies*, Vol. 10, No. 2, 2018, pp. 250 – 261.

广度。① 根据国际贸易理论和新经济地理学，区域一体化可以带来更高的回报和更多的消费，从而对成员国产生广泛的有利影响。② 这些影响包括降低生产成本和消费价格。市场规模、生产率和生产可用性（availability of production）等因素的改善将确保为更大的市场提供服务，这将对增加区域对进入这些市场的外国公司的吸引力产生积极影响。

由简单到复杂，由浅到深，区域经济一体化的发展大致可分为以下阶段：优惠贸易安排，自由贸易区，关税同盟，共同市场，经济联盟，货币联盟，政治联盟（a political union）。前四个阶段被称为初步一体化（shallow integration），而后三个阶段则代表了深层次一体化。初步一体化是指无论是哪种形式或阶段的经济一体化，其范围仅限于与边境有关的问题，即关税壁垒和非关税贸易壁垒（Non-Tariff Barriers，NTB）。深度一体化则超越了与边境有关的问题，它需要协调成员国的重要经济机构，以及法律、产品安全、标签、

---

① The World Bank Group, *Supporting Africa's Transformation: Regional Integration and Cooperation Assistance Strategy*, World Bank: Washington, D. C., 2018, p. 2.

② Grobbelaar, S. S. and Meyer, I. A., "The Dynamics of Regional Economic Integration: A System Dynamics Analysis of Pathways to the Development of Value Chains in the Southern African Customs Union", *South African Journal of Industrial Engineering*, Vol. 28, No. 1, 2017, pp. 73–89.

环境和技术标准。①

一般而言，区域经济一体化通常有4个潜在的效应，即静态效果（static effects）、动态效果（dynamic effects）、贸易偏转（trade deflection）和伪造标签（counterfeit labeling）。静态效应通常是指一体化对区域内外有关国家带来的贸易方面的变化，如贸易创造、贸易转移、贸易条件改善、交易成本降低等。动态效应是指一体化对成员国经济产生的一些长期影响，如技术外溢、竞争力提高、规模经济、投资扩大等。贸易偏转是指在进口商或出口商的有意努力下，来自世界其他地区的出口进入自由贸易区内低关税的成员国。因此，在一个自由贸易区内，高关税成员国可能会因贸易偏转而失去许多潜在的进口关税收入，使低关税成员国受益。规避这一问题的唯一合理方式是，成员国考虑建立关税同盟，或者更高形式的经济一体化。伪造标签即参与贸易偏转的贸易商可能试图欺骗任何特定经济集团的低关税成员国当局，将所涉进口品指定为当地制成品，以获得该经济一体化安排原产地证书，用于将外国货物从低关税国家自由出口到其他成员国。由于缺乏一个统一的概念，旨在作为这种现象的指定，可称

---

① Henry Kyambalesa and Mathurin C. Houngnikpo, *Economic Integration and Development in Africa*, England：Hampshire, Ashgate Publishing Limited, 2006, p. xxv.

之为"假冒标签"。

（3）区域经济一体化的实践推进非洲经济一体化进程

随着理论研究的深入，学界对区域经济一体化的收益和可能带来的问题有了较深入的研究。尤其是对区域经济一体化带来的好处有了更深理解，这推动了世界上各类区域经济一体化组织或安排的出现。区域经济一体化为什么会给参与的经济主体带来利益？区域经济一体化有其内在动力机制：区域经济一体化的互补性与竞争性、区域经济一体化的规模经济、区域经济一体化交易成本机制。[1] 以区域经济一体化的互补性与竞争性为例，如果区域经济之间存在的是现实的互补性，那么不同空间经济主体之间产品范围差异较大，要形成区域经济一体化，区域之间发生大量的产品贸易并且贸易的范围比较广。如果区域经济之间存在的是现实的竞争性，即不同的空间经济主体之间产品范围差异较小或基本一致，产品之间的替代性较强。这种一体化内部替代性贸易效应导致的优中选优、劣中选好，以及产生的产业结构的优化，不仅有利于内部效益的扩大，而且有利于强化区域竞争优势，提高一体化区域的对外竞争力。[2] 无论是互补还是竞争，区

---

[1] 孟庆民：《区域经济一体化的概念与机制》，《开发研究》2001年第2期。

[2] 孟庆民：《区域经济一体化的概念与机制》，《开发研究》2001年第2期。

域经济一体化都将产生显著的生产或消费效应。正是基于对区域经济一体化动力机制的深刻把握，才使得世界范围内的区域经济一体化快速推进。非洲国家除非彼此经济融合，否则就不会在社会经济发展中取得任何进展。非洲大陆大部分国家面临巨大的发展障碍，包括国内市场有限，无法进入的外国市场，缺乏外来投资以及与工业化国家的贸易条件不利等问题，这些都要求非洲国家开展"南南"经济合作，以改变目前非洲大陆的社会经济衰退和落后现象。[①] 因此，非洲区域一体化的首要目标是促进非洲国家之间的发展，同时减少债务和对西方国家的依赖。区域一体化的想法本身被视为非洲国家能够"汇集其经济主权"的一种方式，以便改善其人民的生活条件，并将争取政治非殖民化的斗争扩大为经济非殖民化的斗争。[②]

欧洲经济一体化的快速推进为非洲经济一体化提供了经验和动力。第二次世界大战后，欧洲政治精英积极探索恢复经济及消弭战争根源的路径和手段，其中欧洲经济一体化战略成效显著，在数十年内逐步将

[①] Henry Kyambalesa and Mathurin C. Houngnikpo, *Economic Integration and Development in Africa*, England: Hampshire, Ashgate Publishing Limited, 2006, p. 2.

[②] Olayiwola Abegunrin & Charity Manyeruke, *China's Power in Africa: A New Global Order*, Switzerland: Springer Nature Switzerland AG, 2020, p. 162.

欧洲经济从各个国家单打独斗整合为内部相对一致的单一市场、共同货币区和关税区，将欧洲打造成世界第二大国际货币区和最大的几个经济体之一。尽管欧洲一体化不尽完美，但欧盟仍然被视为区域一体化成功的典范……欧盟仍可能是达成非洲一体化所渴望的同样理想的协议的最佳范例。[①] 尤其是1985年，欧共体首脑会议通过了关于建立内部统一市场的"白皮书"，明确提出了1992年统一大市场建设的内容与日程。欧共体的这一突破性进展，产生了强大的示范效应，极大地推动了其他地区经济一体化的建设。

（二）非洲经济一体化的历史进程

建设非洲大陆自贸区是对非洲已有经济一体化安排的继承和发展。只有深刻把握非洲经济一体化的历史进程和演进的基本规律，才能更好地理解非洲大陆自贸区在非洲经济一体化中的历史方位。

1. 非洲统一组织与非洲经济的一体化

非洲统一组织在推动非洲大陆的全面解放、弘扬

[①] UNECA & African Union, *Arressing Regional Integration in Africa* II: *Rationalizing Regional Economic Communities*, Ethiopia: Addis Ababa, May 2006, p. 32.

和发展泛非主义精神、维护非洲国家的独立和主权、倡导非洲国家间的团结与合作、推进非洲大陆的经济发展和一体化等方面进行了积极探索，并取得了相当的成就。

(1) 两大集团的争论与非洲统一组织的成立

独立后，非洲内部就如何整合非洲大陆形成了不同的看法，非洲各独立国家分成了两大集团。一是由恩克鲁玛领导的卡萨布兰卡集团，二是由尼日利亚第一任总统本杰明·纳姆迪·阿奇克韦（Benjamin Nnamdi Azikiwe）领导的蒙罗维亚集团。[①] 前者主张从开普敦到开罗，从非洲之角到非洲西部，实现非洲政治和经济的全面统一。[②] 正如恩克鲁玛所认为的，非洲统一首先是只能通过政治手段获得政治王国。非洲的社会和经济发展只能在政治王国内进行，而不是与之相反。蒙罗维亚集团认为恩克鲁玛的做法不可行，坚

[①] 蒙罗维亚集团中各独立国家确立了非洲各国互不干涉内政、平等互利的原则，重申加强相互间的经济、文化合作，特别是发展区域经济合作，不急于谋求政治上的统一。它们被认为是非洲统一运动中的温和派。

[②] 1961年1月，加纳、几内亚、马里、阿拉伯联合共和国（埃及）、摩洛哥和阿尔及利亚6国在卡萨布兰卡召开会议，1961年7月通过《卡萨布兰卡非洲宪章》（以下简称《非洲宪章》）。该宪章特别强调了非洲国家团结的重要性，宣布：与会各国决心促进各地的自由、胜利和实现团结一致；通过提供支援来解放仍然处于外国统治下的非洲领土；消灭各种形式的殖民主义和新殖民主义；非洲独立国家必须使自己的经济、政治和社会等方面的政策符合开发国家财富、造福于人民的目的。

持认为有必要采取渐进和更加谨慎的做法，首先，建立区域经济共同体，其次，建立非洲经济共同体，最后一步是实现政治一体化的非洲（即建立联盟政府）。最终，蒙罗维亚集团赢得了辩论。

事实上，早在非洲统一组织成立之前，非洲领导人就已经认识到，非洲国家之间在经济、社会和文化领域的合作和一体化对于加速非洲大陆的转变和持续发展是不可或缺的。从20世纪60年代开始，非洲追求经济一体化正式拉开帷幕。尽管在联邦制的非洲和各个国家构成的非洲等问题上存在分歧，但他们选择了一个巩固非洲大陆真正团结的基础，并将自身确立为一个合作机构的组织，这个组织将逐渐演变为一体化的动力。其中，最重要的无疑是非洲统一组织的成立。1963年5月，31个独立非洲国家领导人在亚的斯亚贝巴举行首脑会议通过《非洲统一组织宪章》，决定成立非洲统一组织。非洲统一组织的目标是：促进非洲国家的统一和团结；协调和加强合作与努力，以实现非洲各国人民更美好的生活；捍卫主权、领土完整和独立；在非洲铲除一切形式的殖民主义；促进国际合作，适当顾及《联合国宪章》和《世界人权宣言》。

非洲统一组织在促进非洲经济区域化和一体化方面进行了长期的探索。以及1970年和1973年的《亚的斯亚贝巴宣言》，承认非洲大陆的经济一体化是实现非洲统一组织的先决条件。[①] 1973年，第10届非洲统一组织首脑会议首次提出实行"集体自力更生"的方针，鼓励通过相互合作以及更充分利用内部资源和劳动分工消除非洲对西方发达经济体的过度依赖，推动构建公正合理的国际政治经济新秩序。1979年7月在利比里亚首都蒙罗维亚举行的第16届非洲统一首脑会议，通过了《蒙罗维亚宣言》（也称"蒙罗维亚战略"），强调促进非洲社会和经济的发展，加强非洲国家自力更生和独立自主的发展能力。强调促进非洲地区的经济一体化，加强彼此之间的交流，在20世纪末建立非洲经济共同体。

尽管非洲统一组织在非殖民化和反对种族隔离斗争中的行动令人瞩目，但由于其在非殖民化和冲突管理方面的效率低下，多年来受到了许多批评。在非洲统一组织成立后近40年后，不断地批评促使非洲国家元首和政府首脑将其转变成一个更有效的组织来协调非洲国家间的合作。

（2）非洲经济危机与《拉各斯行动计划》的出台

1980年4月，为了具体贯彻和落实蒙罗维亚非洲经济发展战略，非洲统一组织通过了《拉各斯行动计划》和《拉各斯最后行动方案》，《拉各斯行动计划》

---

① 詹世明：《非洲统一组织在非洲一体化中的历史作用》，《西亚非洲》2013年第1期。

将"加快非洲区域经济合作和一体化的步伐"作为重要原则，标志着非洲国家在推动经济一体化方面迈出了重要一步。《拉各斯行动计划》出台的背景是：在经历了获得政治独立的热情后，非洲国家在20世纪70年代末普遍遭遇了经济上的困境，最初的美好愿景被打破。此时，非洲国家被高通胀、财政和贸易赤字以及糟糕的增长所困扰，人们对非洲加速全球化的能力感到担忧。也正是在这个时期，非洲的债务危机出现了。《拉各斯行动计划》体现了非洲统一组织以内生或自我为中心的发展思想为基础的经济战略，其核心原则是：自力更生。其主要目的是"在经济和社会领域实现自给自足，建立国际经济新秩序"。此外，该计划还提出了非洲在1980—2000年要实施的众多计划。

《拉各斯行动计划》选择了一项积极的战略，其基础是更强大的非洲内部经济、非洲国家对自然资源的管理、粮食的自给自足、工业增长以及最重要的——动员非洲人民。关键措施包括实施非洲大陆运输和通信战略以及加强非洲内部贸易和金融交流，鼓励开发新技术和开展培训。自独立以来，非洲国家一直都在强调国家或公共部门在经济发展中的作用，但《拉各斯行动计划》将"加快非洲区域经济合作和一体化的步伐"作为重要原则，体现了非洲通过一体化实现共同发展的内在动力。《拉各斯最后行动方案》是对

《拉各斯行动计划》的总体安排，为非洲建立非洲经济共同体指出路线图。

尽管《拉各斯行动计划》富有创新精神，但受制于缺乏必要的资金支持，以及非洲统一组织的更多精力仍集中在推动非洲国家的独立上，最终该计划的目标并没有得到实现。

与《拉各斯行动计划》同时发布的世界银行在1981年发布的《加速撒哈拉以南非洲发展报告》（又称《伯格报告》）最后代替了《拉各斯行动计划》，成为日后非洲国家改革的指导性文件。《拉各斯行动计划》认为非洲大陆爆发危机不在于其自身，而是国际环境，特别是国际经济秩序中的不平等交换导致的。但《伯格报告》认为，非洲危机是由非洲内部的结构性因素制约所致，例如，非洲国家内部的管理不善、国有企业管理缺失等问题造成宏观经济失衡。《伯格报告》开启了非洲大陆结构调整政策的时代，1983—1999年间，这一政策几乎席卷了整个非洲大陆，将《拉各斯计划》一扫而光。①

（3）《非洲经济共同体条约》与建设非洲经济共同体

为落实《拉各斯行动计划》关于在20世纪末建立

---

① African Union Commission, "2019 African Regional Integration Report: Towards an integrated and prosperous and peaceful Africa", March 2020, https://www.tralac.org/documents/resources/african-union/3163-2019-african-regional-integration-report-voices-of-the-recs-auc/file.html.

非洲经济共同体的承诺，1991年6月，非洲国家元首和政府首脑在尼日利亚首都阿布贾举行的非洲统一组织第27届会议上通过了《建立非洲经济共同体条约》，即《阿布贾条约》。①《非洲经济共同体条约》在获得规定的非洲统一组织2/3成员国批准后，于1994年5月正式生效实施。②《非洲经济共同体条约》在非洲经济一体化中有着非常重要的价值和意义。它第一次系

---

① 《阿布贾条约》规定在34年内，经过6个阶段的努力，最后于2025年建成非洲经济共同体。根据该条约，成员国将在条约生效后的34年内分6个阶段逐步设立非洲共同市场：第一阶段是强化现有的经济共同体，并在未设立地区建立经济共同体（1999年完成）；第二阶段是加强非洲各区域性经济共同体的联合与协调（2007年完成）；第三阶段是在每个区域性经济共同体内建立自由贸易区和关税同盟（2017年完成）；第四阶段是建立一个全非洲范围内的自由贸易区关税同盟（2019年完成）；在第五阶段和第六阶段，成立并强化非洲共同市场（2023年完成），并最终实现人员和生产要素的自由流动、创建单一的非洲国内市场、泛非经济货币联盟、非洲中央银行、非洲货币和泛非议会，完成建立非洲经济共同体这一伟大目标（2028年完成）。

② 根据《非洲经济共同体条约》成立非洲经济共同体（African Economic Community，AEC）。AEC是非洲联盟各成员国为促进非洲大多数国家的经济发展和一体化而成立的国际组织。条约生效后，在区域和次区域两级，非洲国家已开始实施各种促进一体化的方案，并建立了支持其一体化努力的组织和机构。REC是AEC运作的基础，到目前为止，AEC已与西非国家经济共同体（Economic Community of West African States，ECOWAS）、中部非洲国家经济共同体（Economic Community of Central African States，ECCAS）建立了直接的工作关系。AEC一直与东南非共同市场（Common Market for Eastern and Southern Africa，COMESA）、南部非洲发展共同体（Southern African Development Community，SADC）打交道。目前，AEC与阿拉伯马格里布联盟（Union of the Arab Maghreb，UMA）没有直接联系。1991年6月在阿布贾签署《AEC条约》时，所有这些组织已经存在并正在运作。《阿布贾条约》明确规定，建立AEC是所有REC（现有和未来）活动的最终目标。国家元首和政府首脑大会分别是其最高代表和最高权力机构，还有部长理事会、泛非议会、经济和社会委员会、共同体法院、总秘书处、各专门委员会等架构。

统提出了非洲经济一体化实现的具体路线和行动方案。① 2002 年，非洲统一组织被非盟取代后，非洲经济共同体继而成为非盟的重要分支组织。

《阿布贾条约》正式确定了区域经济共同体的概念，将其作为实现非洲经济共同体的支柱。条约没有具体说明区域经济共同体的成员，但它确认，其将覆盖北部、西部、中部、东部和南部非洲。这事实上指定阿拉伯马格里布联盟、西非国家经济共同体、中非国家经济共同体（中非经共体）、东非和南部非洲共同市场、南部非洲发展共同体是建立非洲经济共同体的支柱区域经济共同体。非盟成立后，又有三个区域经济共同体得到正式承认，即萨赫勒—撒哈拉国家共同体（Community of Sahel-Saharan States，CEN-SAD）、东非共同体（East African Community，EAC）和伊加特（Intergovernmental Authority on Development，IGAD）。至此，非盟承认的区域经济共同体的总数达到 8 个，次区域合作组织覆盖了整个非洲（详见附录 1）。目前，8 个次区域经济共同体一体化发展进程差异较大。有些区域经济共同体已经在关键领域取得了一体化的显著成就。例如东非共同体和西非国家经济共同体（ECOWAS）已经建成了区域自贸区和关税同盟。但也有些区域经济共同体的一体化进程非常缓慢，如萨赫

---

① 舒运国：《非洲经济一体化五十年》，《西亚非洲》2013 年第 1 期。

勒—撒哈拉国家共同体。

非洲各区域经济共同体在推进一体化过程中进度不同，既与各区域经济共同体的经济发展水平和制度建设等实际情况相关，也与《阿布贾条约》自身的制度设计有关。《阿布贾条约》为区域经济共同体提供了框架，但并未建立有约束力的结构（binding structure），这解释了目前区域经济共同体在进展和法律结构上的差异。各区域经济共同体还涵盖了不同的法律体系，进一步增加了规则的多样性和复杂性。各区域经济共同体成员国的重叠也可能使建立共同对外关税更加复杂化，并可能影响监管协调和解决非关税壁垒。据统计，仅有11个非洲国家归属单一区域经济共同体，其余国家同时归属于2个或3个区域经济共同体。

（4）"非洲发展新伙伴计划"与非洲的自主发展意识

21世纪初，非洲大陆在迅猛推进的经济全球化浪潮中处于边缘化地位。结构调整方案并没有给非洲民众带来福音，非洲面临着严重失业问题，居民生活水平下降。非洲多国因接受结构调整方案，背上了沉重的债务负担。"非洲悲观主义"的论调开始在非洲大陆内部和整个国际社会流行。正是在结构调整计划带来的失败的情绪的蔓延背景下，非洲国家领导人再度重视经济一体化的力量，并将一体化视为非洲建构强大经济增长内生动力的重要来源。2001年7月，第37届非洲统一组织首脑会议通过了"非洲发展新伙伴计划"，成为指导21世纪非洲发展的重要纲领。2002年7月，非盟取代非洲统一组织，"非洲发展新伙伴计划"则成为非盟的泛非经济和社会发展战略框架。

"非洲发展新伙伴计划"由三项旨在应对非洲国家面临的复杂增长挑战的倡议演变而来。这三个倡议分别是：由南非前总统塔博·姆贝基（Thabo Mbeki）提出的《非洲千年复兴计划》（*Millennium Africa Recovery Plan*，MAP）；塞内加尔前总统阿卜杜拉耶·瓦德（Abdoulaye Wade）提出的《欧米茄计划》（*Omega Plan*）；以及将前两项倡议结合起来的《新非洲倡议》（*New African Initiative*，NAI）。"非洲发展新伙伴计划"与《拉各斯行动计划》一样，都强调集体自力更生，并将区域一体化战略作为非洲复兴的重要组成部分。"非洲发展新伙伴计划"特别强调区域一体化的重要性，认为区域经济合作是建设一个更强大和更可持续的非洲经济的重要组成部分。

"非洲发展新伙伴计划"是一个关于非洲大陆社会经济发展的泛非战略框架，其主要目标是提供一个由非洲领导人带头的新机制，以便消除贫穷、使非洲国家走上可持续增长和发展的道路、停止非洲在全球化进程中的边缘化、加快赋予妇女权力、使非洲充分融入全球经济。新伙伴关系主要在区域经济共同体一级执行，被国际金融机构、联合国机构和非洲其他合作伙伴广泛用作支持非洲发展努力的机制。

NEPAD 组织结构的调整适应了非洲统筹推进一体化的进程。2010 年 2 月，非洲联盟第 14 届首脑会议决定将"非洲发展新伙伴计划"的组织机构纳入非洲联盟，建立"非洲发展新伙伴计划"规划与协调署（NEPAD Planning and Coordinating Agency，NPCA），该机构作为非洲联盟的一个技术部门以取代先前的新伙伴计划秘书处，"非洲发展新伙伴计划"的组织架构变为由非洲联盟大会（Assembly of the African Union）、"非洲发展新伙伴计划"首脑决策委员会（NEPAD Heads of State and Government Orientation Committee，HSGOC）、"非洲发展新伙伴计划"指导委员会和"非洲发展新伙伴计划"规划与协调署四个层级组成。通过组织结构的调整，NEPAD 理顺了与非盟的关系，从而使执行力更强，统筹推进更聚焦。

"非洲发展新伙伴计划"未能解决非洲自主和开放发展的矛盾。南非学者马修斯认为这一计划存在很多内在张力。一方面，它主张实现非洲独立自主的发展。但另一方面，突出与发达国家建立发展伙伴关系，并希望这种伙伴关系能够为非洲发展注入动力。马修斯认为，这实质上更像是说服西方投资者的说辞，而并不是基于非洲自己的奋斗。① 中国学者李智彪指出,虽然"非洲发展新伙伴计划"的制定体现了非洲的自主权和领导权,但实质上是,非洲的自主性只能停留在纸面上。其中,最重要的困难就是资金不足,非洲必须依赖外部力量获得发展资金,这制约了其自主性和领导权。②

2. 非盟时期的非洲经济一体化

虽然非洲统一组织在非殖民化和反对种族隔离问题上的表现是出色的,但多年来,该组织在冲突管理问题上效率低下,因而受到许多批评。在非洲统一组织成立近40年后,这些反复出现的批评促使非洲各国元首和政府首脑将组织转变为一个新的组织,通过赋予其更有效的组织结构,能适应新千年非洲面临的挑战。

(1)《苏尔特宣言》与非盟的成立

1999年9月9日,非洲统一组织第四届特别首脑会议通过《锡尔特宣言》,决定成立非洲联盟。《锡尔特宣言》的发表主要是基于以下认识:非洲统一组织

---

① Sally Mathews, "Investigating NEPAD's Development Assumptions", *Review of African Political E-conomy*, Vol. 31, No. 101, September 2004, pp. 497–511.

② 李智彪:《对后结构调整时期非洲主流经济发展战略与政策的批判性思考》,《西亚非洲》2011年第8期。

最初的目标是从非洲根除一切形式的殖民主义，促进国际合作。现在这一目标已经实现。因此，非洲需要新的制度安排，以推动其发展和一体化议程。《锡尔特宣言》指出，根据《非洲统一组织宪章》的最终目标和建立非洲经济共同体的条款，建立一个非洲联盟，加快建立非洲经济共同体条约的执行进程。确保迅速建立《阿布贾条约》所规定的所有机构：例如非洲中央银行、非洲货币联盟、非洲法院，尤其是泛非议会。《阿布贾条约》的目标是到2000年建立泛非议会，为非洲人民及其基层组织提供一个共同的平台，使其更多地参与关于非洲大陆面临的问题和挑战的讨论和决策。加强和巩固区域经济共同体，作为实现非洲经济共同体目标和实现所设想的联盟的支柱。2000年7月，在多哥首都洛美举行的第36届非洲统一组织首脑会议通过《非洲联盟章程草案》，它规定了非盟的建立条款，包括目标、结构、运作和使命。2001年3月2日，在利比亚苏尔特举行的第5届非洲统一组织特别首脑会议闭幕式上，非统组织执行主席、多哥总统纳辛贝·埃亚德马（Gnassingbé Eyadéma）宣布非洲联盟（African Union，AU）成立。2001年7月，第37届非洲统一组织首脑会议决定正式向非盟过渡。2002年7月8日，非洲统一组织在南非德班召开最后一届首脑会议。7月9—10日，非盟举行第一届首脑会议，并宣布非盟正式成立，非盟正式取代非洲统一组织，总部设在埃塞俄比亚首都亚的斯亚贝巴。这标志着走过了近40年坎坷历程的非洲统一组织即将结束其历史使命，非洲的团结与合作也将翻开新的历史篇章。

为实现建立非洲经济共同体的最终目标，非盟着手制定了一系列行业发展规划和行动蓝图，体现了时不我待的精神。非盟相继推出了《非洲农业综合发展计划》（Comprehensive Africa Agriculture Development Programme，CAADP）（2003年）、《非洲加速工业发展计划》（Action Plan for Accelerated Industrial Development of Africa，AIDA）（2008年）、《非洲矿业愿景》（African Mining Vision，AMV）（2009年）、《非洲基础设施发展规划》（Programme for Infrastructure Development in Africa，PIDA）（2012年）、《促进非洲内部贸易行动计划》（Action Plan for Boosting Intra-African Trade，BIAT）（2012年）等，致力于为非洲经济一体化构建坚实的行业基础。

(2)《2063年议程》与建设非洲大陆自贸区

非盟《2063年议程》是非洲各方将发展构想转变为具体项目、目标、行动及措施的议程。《2063年议程》是非洲本土制定的、关于非洲包容性增长与可持续发展的共同战略框架。《2063年议程》不仅为未来50年的非洲发展做出战略谋划，还详细总结了非洲独立后几十年的发展经验和教训。《2063 年议程》的基本思路和路径规划体现在 2015 年 1 月非盟第 24 届峰会通过的《2063 年议程框架文件》和第一个十年执行计划之中。[①]

2013 年 5 月,在埃塞俄比亚首都亚的斯亚贝巴举行的第 21 届非洲国家元首和政府首脑会议上,非洲各国元首和政府首脑决定将"加强非洲的认同和复兴;反殖民主义与争取民族自决权;推动非洲一体化;促进社会与经济发展;保障和平与安全;改善民主治理;争取独立自主;提升国际影响力"八大理念整合为非洲大陆《2063 年议程》及相应的国家与区域发展计划,引领非洲大陆未来 50 年的发展。根据非盟执行理事会第 EX. CL/799(XXⅡ)号决定,《2063 年议程》框架文件于 2014 年 1 月提交非盟首脑会议审议。2014 年 1 月,第 22 届非洲联盟首脑会议重点讨论了《2063 年议程》。2015 年 1 月,非盟在埃塞俄比亚首都亚的斯亚贝巴召开峰会通过了作为"非洲愿景和行动计划"的《2063 年议程》,号召非洲人"在共同价值观和共同命运基础上合力建设繁荣团结的非洲"。《2063 年议程》的第一个十年(2014—2023 年)规划于 2015 年 6 月在非盟特别峰会上通过,明确了非洲发展的重

---

① 王学军:《非洲发展态势与中非共建"一带一路"》,《国际问题研究》2019 年第 2 期。

点领域及希望实现的成果目标,并特别列出了一些能切实惠及非洲人民的"旗舰项目"。

《2063 年议程》包括 7 个愿景①和 14 个旗舰项目,② 其结构围绕自筹资金（self-financing）的逻辑。它提供了一个更广泛和更详细的一体化进程,以连贯、务实和可实现的方法建设一个具有社会凝聚力的非洲社会,其中包括妇女和青年在内的所有积极力量都是主要角色和受益者。《2063 年议程》跨度 50 年,通过整合新兴领域和新的全球动态,考虑到《阿布贾条约》表达的愿景。第 33 届非盟峰会于 2020 年 2 月 9—10 日在埃塞俄比亚首都亚的斯亚贝巴召开,会议期间非盟委员会与非盟发展署共同发布了《2063 年议程》执行情况评估报告,该报告汇集了 31 个非盟成员国家

---

① 分别是：一是在包容性增长和可持续发展基础上打造繁荣的非洲；二是在泛非洲和非洲复兴愿景基础上打造政治团结的一体化非洲大陆；三是建设公平、民主、尊重人权、正义和法治的非洲；四是实现非洲的和平安全；五是让非洲拥有强大的文化认同、共同传承、共享价值观和道德观；六是以人为本追求发展,充分发挥非洲人特别是女性和青年的潜力,关爱儿童成长；七是让非洲成为国际社会中强大、团结而富有影响力的行为体和合作伙伴。

② 建设一体化高铁网络,连接非洲所有各国首都和主要商业中心城市；建设非洲电子大学；制定大宗商品战略；设立包括非洲各国领导人、商界精英、公民社会参加的年度论坛机制；建立非洲大陆自贸区；颁发非洲统一护照,实现非洲大陆内部的人员自由流动；建设刚果英戈大坝；建成泛非电子网络；实施非洲外太空计划；建设统一的非洲空中运输市场；到 2020 年实现非洲大陆的彻底和平,结束各国间的战争和内战冲突以及加强非洲金融机构建设等。

的信息，覆盖56%的非洲大陆和6个区域经济组织，对6年以来第一个十年计划的执行情况进行了分析，平均执行水平为32%。其中在实现"和平与安全的非洲"方面完成了48%；在"实现泛非主义和非洲复兴愿景"方面为44%；在"妇女、青年和关心儿童"方面完成了38%。在"促进内生性增长和可持续发展"方面只完成了29%；在良政、民主、尊重人权和法治建设方面只有16%；在实现"非洲文化认同和价值观"方面只有12%。在区域执行方面，东非实现了40%的目标，西非34%，北非27%，南非和中非都是25%。第一个十年期间，在项目实施方面，14个项目取得了可喜的进展：非洲大陆自贸区建设完成了92%的目标；"人员的自由流动和非洲护照"也成绩喜人，32个国家签署了"非洲经济共同体自由移动、安家和置业议定书"；"非洲航空统一市场"项目于2018年1月启动，覆盖了非洲80%的内陆航空市场，29个非盟成员国签署了非洲统一航空市场协议，其中18个国家庄严承诺要打破航空服务壁垒。[①]

评估报告认为，非洲大陆在实现《2063年议程》第一个十年执行计划中确定的若干目标和指标方面取得了良好进展。尽管执行工作取得了进展，但非洲仍

---

① African Union, *First Continental Report on the Implementation On Agenda 2063*, February 2020, pp. 1 – 2.

需要作出更大的努力以加快执行《十年执行计划》，使非洲更接近"我们想要的非洲"。非洲大陆将需要应对在《2063年议程》的国内化（domestication）、实施、监测和报告方面遇到的主要挑战。它还需要协调一致的努力在次国家、国家、地区和大陆一级有效地利用机会，包括潜在的青年红利。[①]

（三）非洲大陆自贸区的建立

启动非洲大陆自由贸易区是非洲追求经济一体化的最新进展。在全球贸易保护主义兴起、多边主义式微的背景下，自贸区建设彰显了非洲坚持开放发展的理念。

1. 非洲大陆自贸区建立的背景

非洲启动自贸区建设具有深厚的国际背景。多哈回合谈判陷入困境后，世界各国、各地区开始将目光投向次优的区域贸易协定，成立非洲大陆自贸区就是这一努力的重要组成部分。2008年的国际金融危机加速了非洲实施大陆自贸区的步伐。

（1）WTO的困境与区域自由贸易安排的兴起

当今世界，世界贸易组织是国际贸易的基石。研

---

① African Union, *First Continental Report on the Implementation On Agenda 2063*, February 2020, p. 3.

究表明，若不是 WTO 规则的约束，世界将陷入保护主义的泥潭，高关税将成为普遍现象。[1] 一方面，WTO 的规则对于维系当前世界的贸易畅通至关重要；但另一方面，自 1995 年 WTO 成立以来，唯一启动的多哈回合谈判始终未取得实质性进展。这不仅导致现有多边贸易规则无法应对农业、知识产权等传统议题的发展和变化，还导致服务贸易、数字贸易等国际贸易新内容、新模式缺乏多边协调，掣肘全球价值链、国际贸易乃至整个世界经济的发展。[2] 从更根本的意义上来说，20 世纪 90 年代建立起来的以 WTO 为核心的多边贸易体系已无法适应国际贸易的发展现状以及国际政治权力格局的转换。于是，各国纷纷通过自由贸易协定的方式推进高质量、高标准的区域经济一体化。[3] 尤其是在世界权力加速从广大发达国家向发展中国家转移的背景下，现有的 WTO 制度及规则体系无法适应国际政治经济的新现实。例如，广大新兴国家认为，第二次世界大战后的全球治理结构与世界经济新格局相脱节；广大发展中国家的诉求无法得到满足。[4]

---

[1] 苏庆义、王睿雅：《世界贸易体系变革原因及趋势：一个成本—收益分析框架》，《太平洋学报》2021 年第 3 期。

[2] 姜跃春、张玉环：《世界贸易组织改革与多边贸易体系前景》，《太平洋学报》2020 年第 4 期。

[3] 盛斌、果婷：《亚太区域经济一体化博弈与中国的战略选择》，《世界经济与政治》2014 年第 10 期。

[4] 柯静：《世界贸易组织改革：挑战、进展与前景展望》，《太平洋学报》2019 年第 2 期。

在以 WTO 为核心的国际贸易体系遭遇危机的背景下，世界各国开始将目光投向次优的区域贸易协定。截至 2020 年年底，全球在执行的区域贸易协定（Regional Trade Agreement，RTA）一共是 305 个。自由贸易协定的数量不断增加、规模不断扩大，全球已经形成了复杂的自由贸易协定网络。①

（2）2008 年国际金融危机加速非洲实施自贸区战略

2008 年国际金融危机爆发后，世界经济进入持续衰退和深度转型调整期，无论是发达国家还是发展中国家都在寻求摆脱困境的方案。推动贸易投资自由化是一项成本低、风险小的经济刺激措施，可以扩大对主要贸易伙伴的市场准入，提高市场份额，形成抱团取暖的局面，成为世界多国的战略选择。② 2010 年非洲开发银行发布的《非洲经济展望》开宗明义地指出，近年来，在国际金融危机之前，国际贸易呈指数级增长。虽然非洲国家也从这一增长中受益，但它们在世界贸易中的份额仍然很低；非洲的出口贸易仅占世界出口的 3% 左右，贸易表现不佳部分与非洲以外国家对非洲产品的贸易保护有关，但也源于抑制非洲内部贸易的制约因素。预计全球经济和世界贸易总体温和复

---

① 张玉环、李巍：《自由贸易协定的政治经济学研究述评》，《国际政治研究》2014 年第 2 期。
② 王琳：《全球自贸区发展新态势下中国自贸区的推进战略》，《上海对外经贸大学学报》2015 年第 1 期。

苏。促进非洲国家与非洲内外经济体的贸易比以前更加重要。① 尤其考虑到全球兴起的贸易保护主义和各国各自为政的政策对非洲的负面效应在凸显。事实上，在一些发达国家为遏制国际金融危机的影响而采取的不同措施中，贸易保护主义正在上升。尽管一些发达国家在伦敦和后来在匹兹堡举行的 G20 会议以及世界贸易组织的谈判中一再作出保证，但保护主义仍在加剧。刺激经济的一揽子计划往往是为了有利于发达国家的国内部门，例如通过出口支持，或有利于购买、雇用或投资当地商品和服务。这种措施在两个层面上明显歧视发展中国家，包括非洲国家。首先，非洲各国政府缺乏资源，无法用同样的措施遏制国际金融危机对国内的影响。其次，非洲企业正是在那些促进额外支出的发达国家市场上面临不利待遇。因此，这些新的举措尽管就非洲产品可能享受的优惠待遇达成了一般性协议，但在发达国家，非洲产品在类似的国内产品和服务方面很容易受到歧视性待遇。②

面对国际金融危机的冲击，进一步加快区域内贸

---

① The OECD Development Centre, the African Development Bank and the United Nations Economic Commission for Africa, *The 2010 African Economic Outlook*, p. 50.

② The OECD Development Centre, the African Development Bank and the United Nations Economic Commission for Africa, *The 2010 African Economic Outlook*, p. 50.

易成为非洲各国、各区域经济共同体的共同选择。在危机背景下,东南非共同市场和东非共同体成功地使其关税同盟生效。到2025年,东南非共同市场所有关税和人员、货物、服务和资本流动方面的障碍都将消除。更关键的行动是,2008年10月29日,南部非洲发展共同体、东部和南部非洲共同市场和东非共同体3个地区性组织的26个国家的元首与代表在乌干达首都坎帕拉举行首脑会议。与会国决定,创建包括以上区域26个国家的自由贸易区,即三方自由贸易区(TFTA),旨在实现商品和服务及相关领域贸易自由化,这表明不同区域经济共同体之间加强协调一致的共同利益。TFTA涵盖26个非洲国家,人口占非洲总人口的57%,GDP占非洲经济总量的58%。关于三方自由贸易区于2011年开始TFTA谈判,2015年6月10日在埃及发表《沙姆沙伊赫宣言》(以下简称《宣言》),要加速TFTA建设进程。截至2020年2月,已有28个国家加入TFTA,8个国家批准,离14个国家生效的门槛要求相差不远。[1] 迄今,TFTA已初步完成货物贸易自由化谈判,就争端解决、海关程序、贸易壁垒及卫生植物检疫等内容达成共识,并已启动服务

---

[1] 《非洲大陆自贸区历史、现状和未来系列之十四——非洲三方自贸区建设进展情况》,中华人民共和国商务部,2020年9月22日,http://www.mofcom.gov.cn/article/i/jyjl/k/202009/20200903003339.shtml.

贸易、知识产权保护、跨境投资等谈判，目前仅有少量关税减让及原产地规则等问题尚未得到解决。

除了区域共同体间的自贸合作，非洲整个大陆的自贸区建设也提上日程。2010年12月，在卢旺达首都基加利举行的非盟贸易会议第六届常会上，各国贸易部长提出成立非洲大陆自贸区的倡议，建议到2017年在非洲大陆建立自由贸易区。非洲联盟委员会副主席伊拉斯图斯·姆温查（Erastus J. O. Mwencha）在发言中敦促部长们提供政治指导，并就对非洲发展至关重要的贸易问题作出决定。包括通过增加区域内和区域间贸易来加深非洲的市场整合，以及加强与其他伙伴的贸易。姆温查指出，非洲面临着增加其贸易和投资流量规模和质量的重大挑战。在这方面，非盟委员会期望大会就非洲内部贸易提出强有力的建议，并制订一项行动计划，以加快实现非洲的市场一体化。姆温查强调了国际金融危机对非洲的影响，这是由于非洲国家和区域经济共同体市场羸弱以及原材料和商品在非洲出口结构中的主导地位所致。关于加强非洲的区域一体化，姆温查赞扬东部和南部非洲共同市场、东非共同体和南部非洲发展共同体成员国为建立三方自由贸易区而做出的努力，并敦促其他区域考虑仿制此类倡议。时任卢旺达总理贝尔纳·马库扎指出，会议必须解决非洲经济一体化问题，以便创造更大的大陆经济和市场空间，这与吸引更多的投资到该大陆密切相关。在这种情况下，非洲国家需要努力发展可行的基础设施网络，提高生产能力和竞争力。①

2. 非洲大陆自贸区的建立过程

建设非洲大陆自贸区的愿景在短期内迅速成为非洲各国的共同行动。2011年12月于加纳阿克拉举行的非盟贸易会议第七届常会上，成立非洲大陆自贸区的建议再次得到确认。2012年1月，第十八届非洲联盟首脑会议通过了建立非洲大陆自由贸易区的决议。会议还通过了《促进非洲内部贸易》（BIAT）行动计划，内容包括贸易政策、贸易便利化、生产能力、与贸易有关的基础设施、贸易融资、贸易资讯及要素市场一体化。2012年7月，第19届非洲联盟首脑会议在埃塞俄比亚首都亚的斯亚贝巴拉开帷幕，大会成立了非洲高级贸易委员会（HATC），② 非盟贸易部长会议（Conference of the African Union Ministers of Trade），非洲大陆自贸区谈判论坛（Continental Free Trade Area Negotiating Forum，CFTA-NF）和非洲贸易论坛（Afri-

---

① African Union, AU Conference of Ministers of Trade 6th Ordinary Session 29 October-02 November, 2010 Kigali Rwanda, pp. 2－4.

② 《非洲高级贸易委员会》，High Level African Trade Committee（HATC），见新闻：非盟成立非洲高级贸易委员会，http：//world. people. com. cn/n/2012/0718/c1002-18545699. html.

can Trade Forum，ATF）。HATC 由非盟的部分国家元首和政府首脑（包括 REC 的主席）组成，其主要作用或职能是充当快速建立非洲自由贸易协定和促进非洲内部贸易的媒介。ATF 是联合国非洲经济委员会（United Nations Economic Commission for Africa，UNECA）、非洲联盟委员会（African Union Commission，AUC）和非洲开发银行（African Development Bank，AfDB）的一项联合倡议，旨在作为建立大陆自贸区的支撑结构和基石之一。2015 年 6 月 14—15 日在南非约翰内斯堡举行的非洲联盟第 25 届首脑会议上，启动了建立非洲大陆自贸区谈判。2016 年 2 月 24 日举行的非洲自由贸易协定谈判论坛首次会议涉及非洲大陆特别工作组（Continental Task Force，CTF）、技术工作组（Technical Working Groups，TWG）、高级贸易官员委员会（Committee of Senior Trade Officials，CSTO）和非洲贸易部长（African Ministers of Trade，AMT）。2017 年 12 月 4 日，非洲贸易部长会议敲定并起草了关于 CFTA 协定的谈判。协定草案的主要内容包括服务贸易议定书、货物贸易议定书和争端解决机制议定书（争端解决机构）。随后于 2018 年 1 月在亚的斯亚贝巴举行的非洲联盟第 30 届首脑会议上宣布，成员国于 2018 年 3 月 21 日在基加利签署建立 AfCFTA 的草案。2018 年 3 月 21 日，44 个非洲国家签署了非洲大陆自贸区框架协议。2010

年 11 月在基加利开始的"旅程"以 2018 年 3 月在基加利签署该协定而告终。截至 2019 年 4 月 29 日，该协议得到了 22 个国家（准确地说是 24 个非盟成员国）的批准，该协议于 2019 年 5 月正式生效。2019 年 7 月 7 日，非洲联盟非洲大陆自由贸易区特别峰会在尼日尔首都尼亚美开幕，会议正式宣布非洲大陆自贸区成立，这意味着非洲大陆自由贸易区协定将受到五项贸易政策工具的管理，即原产地规则、网上贸易磋商论坛、监测和消除非关税壁垒机制、数字支付系统和非洲贸易信息观测中心。2021 年 1 月 1 日，非洲大陆自由贸易区启动仪式在线上举行，标志着非洲自贸区正式启动。非盟 55 个成员中，除厄立特里亚外，54 个国家已签署协议。包括南非、尼日利亚、埃及在内的 36 个非洲国家已批准了协议。随着自贸区开始实施并带来切实收益，预计更多国家将批准协议。[①] 目前，有 41 个签署成员国提交了关税削减计划。[②] 在新冠肺炎疫情依然肆虐全球的背景下，AfCFTA 启动标志着非洲

[①] Kingsley Ighobor, "AfCFTA: Africa Readying for Free Trade Come January 2021", African Renewal, November 30, 2020, https://www.un.org/africarenewal/magazine/november-december-2020/afcfta-africa-readying-free-trade-come-january-2021.

[②] Joe Bavier, "Tariff Reduction Schedules Will Be Finalised by July, AfCFTA Tells Members", January 11, 2021, https://www.businesslive.co.za/bd/economy/2021-01-11-tariff-reduction-schedules-will-be-finalised-by-july-afcfta-tells-members/.

迈出恢复经济、促进经济转型的坚实一步。虽然非洲大陆各国在实现经济一体化上步伐明显比《非洲经济共同体条约》规定的滞后了很多，但还是迈出了通过自贸区战略建立经济共同体的关键一步。目前，仍有许多悬而未决的问题有待解决，其中包括仲裁措施和货物原产地证明。

3. 非洲大陆自贸区的基本内容

非洲大陆自贸区的法律基础是《非洲大陆自由贸易区协定》。该协议是一个框架协议，其内容涵盖货物贸易、服务贸易、投资、知识产权、竞争政策和争端解决。协议谈判分阶段进行：第一阶段包括货物贸易和服务贸易；第二阶段涵盖知识产权、投资和竞争政策。2020年2月，非盟国家元首和政府首脑大会通过了一项决定，在第二阶段谈判结束之后立即开始有关电子商务的第三阶段谈判，缔结一项"非洲大陆自贸区电子商务议定书"。目前，第一阶段的谈判已基本完成，[①] 签署了《货物贸易议定书》《服务贸易议定书》和《争端解决程序和规则议定书》。第二阶段谈判原定于2020年12月结束，第三阶段谈判将在第二阶段

[①] 第一阶段某些议题的谈判正在进行中，即原产地规则、关税减让表和关于五个优先服务部门——商业服务、通信、金融、旅游和运输自由化的具体承诺表。

谈判结束后立即开始。由于新冠肺炎疫情影响，非盟将 2021 年 12 月 31 日定为完成第二、第三阶段谈判的截止日期。按照《非洲大陆自由贸易区协定》第 5 条的规定，谈判按照保持现状（preservation of the acquis）等原则展开。这意味着，第二、第三阶段谈判达成的协议将基于各区域经济共同体在知识产权等方面已有的政策框架或取得的成就。例如，东部和南部非洲共同市场、东非共同体、南部非洲发展共同体、西非国家经济共同体和中部非洲国家经济共同体均通过了区域竞争规则。《非洲大陆自由贸易区协定》将充分吸收上述区域经济共同体的经验、做法，然后体现在全非范围内。这充分说明建设 AfCFTA 绝不是另起炉灶，而是在各区域经济共同体的基础上优势互补。

建立非洲大陆自贸区具有多重目标。具体包括：逐步消除非洲内部贸易的关税壁垒和非关税壁垒；解决贸易和投资限制，以便利跨境开展业务并增加外国直接投资流入；建立商品和服务的单一大陆市场，使人员和投资自由流动；加快建立非洲大陆海关联盟（Continental Customs Union，CCU）或共同外部关税（Common External Tariff，CET）和非洲共同市场（African Common Market，ACM）；通过更好地协调各区域经济共同体之间的贸易自由化制度和贸易便利化手段扩大非洲内部贸易；通过利用大规模生产的机会，非洲大陆市场准入，更好地进行资源重新分配，增强整个行业的竞争力，从而释放整个非洲大陆的创业潜力；发展工业部门通过创造就业机会，减少贫困和实现可持续的经济增长。非洲大陆自贸区是发展导向，其目标着重强调经济和社会发展以及法律上的协调，并纳入了非盟《2063年议程》的各个方面，该议程将包容性社会和经济发展列为优先事项，并将非洲的增长、一体化与可持续发展目标联系起来。

区域经济共同体是非洲大陆自贸区的支柱。《非洲大陆自由贸易区协定》谈判采取了一个阶段和两个阶段并行的方法。一个阶段的方法是让已经通过自由贸易协定的区域经济共同体直接加入非洲大陆自由贸易区。两个阶段的方法是为尚未建立自由贸易区的区域经济共同体提供一个时间表，以推动自由贸易区的实施，并加入非洲大陆自贸区。因此，区域经济共同体将成为非洲大陆自贸区的支柱。非盟委员会将与联合国非洲经济委员会和非洲开发银行一起，负责监测各区域经济共同体内部和各区域经济共同体之间自由贸易协定的进展；通过提供技术和政治支持、即时信息、经验分享平台，动员利益攸关方支持实现自由贸易协定，从而加快建立区域和非洲大陆自由贸易区的进程。非盟成员国应负责在区域经济共同体和非洲大陆自贸区框架内谈判。另外，建设非洲大陆自贸区还涉及其他多个机制。非洲高级贸易委员会、非盟贸易部长会议、非洲自由贸易协定谈判论坛谈判论坛、非洲贸易论坛、非洲商业理事会（African Business Council，ABC）、非洲贸易观察站（African Trade Observatory，ATO）、监测和评估机制、贸易争端解决和CFTA协议执行机制将构成AfCFTA的主要组织结构或体系结构。非洲商业理事会代表有组织的私营部门，非洲贸易观察站将监督和评估协议遵守情况。

4. 非洲大陆自贸区的特点及影响

（1）非洲大陆自贸区是非盟促进非洲一体化，最终实现非洲统一大市场的旗舰项目

《2063年议程》提出要实现"基于泛非主义理想和非洲复兴愿景的政治上团结、一体化的非洲"的发展愿景。[①] 为实现这一愿景，非盟将AfCFTA作为实现《2063年议程》的重要抓手。非盟启动大陆自贸区建设的目的是使AfCFTA成为一种杠杆、一个平台，以团结为基础，促进非洲大陆的发展。AfCFTA不仅要实现发展，更重要的是追求非洲的统一发展。因此，AfCFTA肩负着促进非洲一体化和发展的双重使命。正如非盟副主席托马斯·奎西·夸蒂（H. E. Kwesi Quartey）所指出

[①] African Union, *Agenda 2063: The Africa We Want*, Final Edition, April 2015, p. 4.

的,非洲正在发挥作用,它的声音应该产生共鸣,它的强大立场植根于有效执行有助于非洲大陆发展的项目,特别是有助于巩固非洲一体化和统一的项目。① 因此,AfCFTA 是一种"泛非贸易方式"(Pan African Approach to Trade)。非盟的目的是利用 AfCFTA 建设非洲合众国(United States of Africa),② 使非洲在国际舞台上实现更大的自我主张。

(2)非洲大陆自贸区与非洲已有的经济一体化安排一脉相承

1980 年,非洲统一组织召开特别峰会,通过《拉各斯行动计划》,提出建立非洲经济共同体的设想。1991 年召开的第 27 届非洲首脑会议签订了《非洲经济共同体条约》,条约规定在 34 年内,经过 6 个阶段的努力,最后于 2025 年建成非洲经济共同体。《非洲经济共同体条约》的目的是在各区域经济共同体建立自由贸易区和关税同盟的基础上,再在非洲大陆范围内推动建立自贸区和关税同盟(计划 2019 年建立)。《非洲经济共同体条约》是一个具有里程碑意义的法

---

① African Union, "African Continental Free Trade Area Gathers Strong Impetus to Boost Economic Growth", March 17, 2018, https://au.int/en/pressreleases/20180317/african-continental-free-trade-area-gathers-strong-impetus-boost-economic.

② Franklin Obeng-Odoom, "The African Continental Free Trade Area", *American Journal of Economics and Sociology*, Vol. 79, No. 1, January, 2020, p. 180.

律框架，它全面描绘了非洲通过建立一个使用共同货币的单一市场（非洲经济共同体）从而实现非洲充分一体化的路线图。但由于各个地区经济发展水平程度不一，经济一体化进程也参差不齐，关税减让水平、贸易投资便利化程度互有差异。此外，由于成员国身份重叠，经常产生不同地区性法律制度在适用上的冲突。这些问题的存在既影响了非洲内部贸易的增长，也拖延了非洲一体化进程。因此，为尽快实现非洲范围内的经济一体化，非盟和各成员国决定通过建设AfCFTA的方式，重新整合各区域经济共同体，形成非洲统一市场，为最终建立非洲经济共同体奠定坚实基础。

（3）非洲大陆自贸区体现了当下全球区域贸易协定的最新进展

20世纪90年代以来，新一代区域贸易协定所涵盖的领域和规则不再局限于传统的货物贸易自由化及其所涉及的关税或非关税壁垒减让，而是涵盖了服务贸易自由化、投资自由化、竞争政策、知识产权保护、争端解决机制等，远超过世界贸易组织所规定的内容。作为WTO成立以来最大的自贸区、发展中国家最集中的自贸区，AfCFTA虽然与欧美等发达国家在自贸区谈判上的高标准尚有差距，但《非洲大陆自由贸易区协定》关于电子商务的谈判体现了AfCFTA与时俱进的特点。尤其是 AfCFTA 具有明确的前进方向，因此其谈判或政策设计不止着眼于最大化内部贸易，还要解决因区域经济共同体成员身份重叠问题带来的挑战，加快区域和非洲大陆一体化进程，加快非洲工业化和经济转型，为接下来在非洲大陆范围内建立关税同盟打好基础。从这个意义上来说，《非洲大陆自由贸易区协定》的复杂性更高、要求更多。正如非盟贸易与工业委员穆昌加所指出的，非洲创造的不仅仅是一个自由贸易区。非盟国家元首和政府首脑大会还启动了非洲单一航空运输市场（Single African Air Transport Market，SAATM）协议，以及《建立非洲经济共同体条约关于人员自由流动，居住权和经商权的议定书》，并邀请各国签署该议定书。所有这些努力都表明，非洲正根据1991 年在尼日利亚阿布贾签署并于 1994 年批准的《非洲经济共同体条约》，为建立非洲共同市场或内部市场奠定基础。[①]

（4）相比其他区域贸易协定或安排，AfCFTA 采取"渐进式"或"增量式"贸易协议的形式

《非洲大陆自由贸易区协定》的一个突出特点是根据各方的优先事项和能力逐步作出承诺、设计谈判

[①]《非洲自贸区协定的前世今生》，中华人民共和国商务部，2019 年 6 月 20 日，http://africanunion.mofcom.gov.cn/article/jd/qt/201906/201906028743 9.shtml.

回合。① 这一点上，《非洲大陆自由贸易区协定》与 WTO 的《贸易便利化协定》有相似之处，后者也允许成员国按自己的需要和能力做出承诺，并逐步实施。《非洲大陆自由贸易区协定》也与非洲现有的区域贸易安排有许多相似之处，如都将"灵活性"和"可变几何"②（Variable Geometry）纳入其遵循原则。"可变几何"原则上也被称为"构建模块方法"，即成员国可以将"寻找熟悉的内容"与"分而治之"方法相结合，充分调动自身积极性。"可变几何"原则上加快了非洲一体化进程，使不同的国家能够以自己的速度进行或配合区域一体化项目。③ 另外，《非洲大陆自由贸易区协定》还设置了定期审查机制（目前打算每五年进行一次），并允许《非洲大陆自由贸易区协定》

---

① 除了 WTO 的贸易协定，其他 RTAs 采取逐步逼近（progressive approach）的方式。例如，美国和摩洛哥的自由贸易协定对农业部门就采取了该方式。

② 在非洲语境下，"可变几何"原则是指贸易一体化条约中采用的规则、原则及政策赋予成员国，特别是最贫穷的成员国：第一，政策灵活性和自主权，以便以较慢的速度追求时间表中的贸易承诺和统一目标；第二，建立尽量减少分配损失的机制，创造机会补偿因执行区域自由化承诺而造成的损失，以及制定旨在公平分配区域一体化机构和组织以避免集中于任何一个成员的政策；第三，RTA 成员国在产业分配方面的优惠以及区域银行信贷和投资分配方面的优惠。参见 James Thuo Gathii, *African Regional Trade Agreements as Legal Regimes*, New York: Cambridge University Press, 2011, p. 35.

③ James Gathii, *African Regional Trade Agreements as Legal Regimes*, New York: Cambridge University Press, 2011, p. xxvii.

的其他文书谈判保持灵活性，这些文书随后将成为该协定的重要组成部分。"灵活性"使 AfCFTA 能够在出现新的贸易机会和挑战时及时做出反应。《非洲大陆自由贸易区协定》所遵循的"可变几何""灵活性"等原则充分体现了非洲国家从自身实际出发，循序渐进推进 AfCFTA 建设的路径，不追求"毕其功于一役"，有效避免了"拔苗助长"。

（5）AfCFTA 具有深远影响

AfCFTA 对世界的深远影响在于，它代表了一种新的贸易及发展规范，以更具包容性和公平的方式重写全球贸易规则，AfCFTA 可能会影响到非洲大陆以外的全球贸易。[1] 以 AfCFTA 的特殊和差别待遇[2]（Special and Differential Treatment，S&D）为例，AfCFTA 在吸纳 WTO 的特殊和差别待遇基础上，以多种方式整合了

---

[1] Katrin Kuhlmann and Akinyi Lisa Agutu, "The African Continental Free Trade Area: Toward a New Legal Model for Trade and Development", *Georgetown Journal of International Law*, Vol. 51, No. 4, 2020, p. 1.

[2] S&D 是特别为发展中国家和最不发达国家提供的特殊贸易待遇，形式通常为非互惠待遇、特殊保障措施、更长的过渡期以执行法律要求、与发达市场的优惠贸易安排和贸易援助。当前，发达国家与发展中国家就 S&D 的分歧空前巨大。大多数发达国家认为 S&D 在过去的作用总的来说是消极的，它是"以规则为基础的"（rule-based）多边体系的例外，对多边体系是一种损害。而发展中国家普遍认为 S&D 未能在缩小南北差距上取得实质效果，很大程度上是因为 S&D 普遍缺乏可操作性，软法条款对发达国家没有约束力，应当进一步加强 S&D 的操作性。S&D 的问题也出现在世贸组织改革的更大背景下，特别是在发展中国家分类方面，各方分歧巨大。

现有 S&D，从而为制定新的、渐进的、基于规则的 S&D 创造了空间。[①] 相比其他区域贸易协定，S&D 成为《非洲大陆自由贸易区协定》的突出特色。《非洲大陆自由贸易区协定》第五条明确提出"灵活性和特殊及差别待遇"是 AfCFTA 的重要原则之一。《货物贸易议定书》承认缔约国之间不同的发展水平，并承认有必要向有特殊需要的缔约国提供灵活性、特殊和差别待遇以及技术援助。《服务贸易议定书》的序言部分也承认"认识到最不发达国家、内陆国家、岛屿国家和脆弱经济体因其特殊的经济状况及其发展、贸易和金融需要而面临的严重困难"。《服务贸易议定书》第七条指出，应考虑到缔约国面临的挑战，并"根据具体情况，赋予诸如过渡期等灵活措施，以适应特殊的经济形势和发展、贸易及金融要求"。上述 S&D 规定超越了主要以经济为基础的衡量标准并允许根据其他因素，如工业化水平、农业部门规模、资源禀赋、港口距离和冲突状况等，提供"差异化机会"和"有针对性的支持"[②]。AfCFTA 还包含与 S&D 有关的其他

[①] Katrin Kuhlmann and Akinyi Lisa Agutu, "The African Continental Free Trade Area: Toward a New Legal Model for Trade and Development", *Georgetown Journal of International Law*, Vol. 51, No. 4, 2020, p. 20.

[②] 转引自 Katrin Kuhlmann and Akinyi Lisa Agutu, "The African Continental Free Trade Area: Toward a New Legal Model for Trade and Development", *Georgetown Journal of International Law*, Vol. 51, No. 4, 2020, p. 22.

条款，例如《非洲大陆自由贸易区协定》第十五条中允许部长理事会根据"特殊情况"免除成员国义务的条款。虽然 AfCFTA 并没有为 S&D 创造绝对的法律权利，但它们确实为"个案"适用 S&D 建立了法律基础。

AfCFTA 通过采用更有针对性和区别性的方法，并注重以区域经济组织法律为基础的渐进式的规则制定，由此 AfCFTA 将 S&D 从一种防御性贸易方式（Defensive Trade Approach）转变为一种"肯定的"（Affirmative）贸易工具，[①] 这种新方法可能最终取代"赢者通吃"的旧贸易模式，取而代之的是一种可以惠及所有人的贸易规则体系。通过 AfCFTA，这个全球最大的区域贸易集团现在可以从内部改变规则，以一个更强大的谈判立场回到多边机构。AfCFTA 在其优先"规则"领域——知识产权、竞争和投资（以及后期可能涉及的其他问题）的做法可能会建立在非洲大陆最新趋势和现有法律模式的基础上，并有意重塑当前的国际法。在此过程中，AfCFTA 可以通过自由贸易安排来启动一种新的、可持续发展的规则制定方法，加速形成一个将世界大多数国家经济和社会发展状况纳入参考范围的"WTO +"新模式，使法律和经济上较不发达的非

[①] Katrin Kuhlmann, "Reframing Trade and Development: Building Markets through Legal and Regulatory Reform", Conference Paper November 2015, E15 Expert Group on Trade, Finance and Development.

洲国家在制定新法律方面拥有平等的发言权。随着时间的推移，通过 AfCFTA 建立的以规则为基础的方法以及国际法方面的进展可能会塑造其他贸易协定以及未来几轮多边谈判。[1]

---

[1] Katrin Kuhlmann and Akinyi Lisa Agutu,"The African Continental Free Trade Area: Toward a New Legal Model for Trade and Development", *Georgetown Journal of International Law*, Vol. 51, No. 4, 2020, p. 12.

二 建设非洲大陆自贸区的机遇、效应与挑战

非洲建设大陆自贸区既面临着前所未有的机遇，也面临着深刻复杂的挑战。但总体而言，机遇大于挑战。机遇包括：国际力量对比"东升西降"这一变化使非洲发展环境进一步改善；非洲具有充分挖掘人口红利的潜在可能；非洲消费市场巨大，这是统一大市场建设的基础；非洲国家领导人建设大陆自贸区意愿强烈；非洲各区域经济共同体的蓬勃发展为建设大陆自贸区奠定了坚实基础。建设非洲大陆自贸区具有政治、经济、文化等多重效应。当然，挑战也不可忽视。尽管非洲各区域的经济一体化已经进行多年，有的如东非共同体（East African Community，EAC）已达到关税同盟的高度。但在整个非洲大陆范围内，协调如此多的国家和区域组织，重新安排统一的贸易投资框架，难度可想而知。

(一) 建立非洲大陆自贸区的机遇

建设非洲大陆自贸区机遇与挑战并存,但总体上机遇大于挑战。非洲大陆自贸区的机遇既有外部的,也有内部的,外部条件包括国际力量"东升西降"的变化使非洲可以在更有利的条件下开展自贸区建设。内部有利条件包括非洲巨大的人口红利潜能、庞大的消费市场、非洲各国建设非洲大陆自贸区的强烈愿望以及非洲各区域经济共同体在推进自贸区建设中的中流砥柱作用。当然,也要看到机遇是相对的,并不是绝对的。首先,国际力量对比"东升西降"是趋势,但"西强东弱"依然是短期内无法改变的现实。其次,就人口红利而言,一方面,非洲具有挖掘人口红利的潜在可能;但另一方面,非洲要抓住人口红利依然是有条件的。从政治意愿来说,强大的政治意愿是非洲大陆自贸区建设迅速达成一致的关键,但能否取得预期效果,关键在于执行。总之,非洲大陆自贸区建设机遇与挑战相互依存,并在一定条件下相互转换,这需要非洲国家牢牢把握住机遇,推动大陆自贸区建设行稳致远。

1. "东升西降"的国际力量对比

当前,世界正经历百年未有之大变局,"东升西降"的国际力量对比变化是这一变局的最重要特征之一。百年变局中最为关键的变量在于世界上主要国家之间的力量对比。在过去的二三十年间,主要国家间的力量对比经过了不断变化,逐步累积起的量变转化成某种程度上的质变。① 发展中国家的崛起,导致了一个多极世界的出现,其中包括巴西、中国、印度、俄罗斯和南非(金砖五国),以及其他正在崛起为全球经济和政治强国的国家。从它们在全球国内生产总值和贸易中的相对份额,可以看出全球经济的重心正在从发达国家向广大新兴市场和发展中国家倾斜。例如,1992 年,发达经济体的经济总量占全球 GDP 的 84%,而发展中国家和新兴市场经济体的经济总量仅占全球 GDP 的 16%。到 2018 年,这一情况发生了显著变化,发展中国家和新兴市场经济体的经济总量已占全球 GDP 的 40%,而发达经济体的这一占比已降至 60%。在此期间,全球贸易格局也发生了巨变,发展中国家在全球贸易中所占的份额不断增加,贸易额从 1992 年的约 20% 上升到 2018 年的 39% 左右。② 据统计,新兴

---

① 张宇燕:《理解百年未有之大变局》,《国际经济评论》2019 年第 5 期。

② Albert Muchanga, "The African Continental Free Trade Area in an Era of Pessimism Over Multilateralism: Critical Success Factors and Prognosis", 2019, https://media.afreximbank.com/afrexim/ADLS-The-African-Continental-Free-Trade-Area-in-an-Era-of-Pessimism-Over-Multilateralism-1.pdf.

市场经济体和广大发展中国家对世界经济增长率的贡献达到了80%，占世界经济的比重将近40%。新兴市场和发展中国家呈现出的群体性崛起势头正在改变全球发展版图。①

（1）非洲战略经济地位上升，各大国加大对非投入

非洲作为发展中国家最密集的大陆，在经历了20世纪90年代"失去的十年"后，进入21世纪以来，非洲经济迸发出巨大活力，连续十几年年均增长超过5%。② 据统计，21世纪头十年，全球经济增长最快的10个国家中，撒哈拉以南非洲就占了6个。据非洲发展银行估计，到2060年，非洲的经济总量将达到15万亿美元。③ 非洲正成为世界经济增长的"新边疆"④。非洲的快速发展，吸引了世界各大国纷纷加大对非投入，以中国、印度、俄罗斯、巴西等为代表的新兴国家在非洲的活动更加积极进取，关注和投入力度更大。

---

① 《顺应时代潮流 实现共同发展——在金砖国家工商论坛上的讲话》，中国政府网，2018年7月25日，http://www.gov.cn/gongbao/content/2018/content_5312195.htm.

② 《李克强在世界经济论坛非洲峰会上的致辞（全文）》，新华网，2014年5月9日，http://www.xinhuanet.com/world/2014-05/09/c_1110605193.htm.

③ African Development Bank, Africa in 50 Years' Time: The Road Towards Inclusive Growth, September 2011, p. 12.

④ Obiageli Ezekwesili, "Africa as a Frontier Market", January 23, 2013, http://www.cfr.org/world/africa-frontier-market/p27290?cid=oth_partner_site-atlantic.

同时，一些"老欧洲国家"如英美法等，也纷纷调整政策，在战略上更加重视非洲。尤其重视加强与非洲的经贸联系。大国竞相加大对非投入，使非洲国家自主性更强，选择余地更大。建设非洲大陆自贸区，需要国际社会的支持和投入。随着非洲统一大市场的建立，将促使各国加强对非投入，各大国间的"竞相降价"将有利于非洲根据自身需要，做出最有利的选择。例如，随着非洲统一大市场建设加快，目前欧美各国纷纷加大对非洲数字经济布局，以获得超额的经济红利。

（2）非洲等发展中国家和新兴经济体参与全球治理的能力增强

在"东升西降"国际格局演变的助推下，非洲等发展中国家和新兴市场积极推动全球治理体系改革。全球治理体系改革的方向，关乎世界各国特别是新兴市场国家和发展中国家能否获得应有的发展空间，也关系到全世界的繁荣和稳定。[①] 2017年9月5日，在中国厦门发布的《新兴市场国家与发展中国家对话会主席声明》指出，全球经济治理应与时俱进，坚持共商、共建、共享原则，提升新兴市场国家和发展中国

[①] 《顺应时代潮流 实现共同发展——在金砖国家工商论坛上的讲话》，中国政府网，2018年7月25日，http://www.gov.cn/gongbao/content/2018/content_5312195.htm.

家的代表性和发言权。① 20世纪70年代以来，在广大发展中国家的集体努力下，改革和发展成为国际经济秩序及其制度规则发展演进的基本内涵和主线，发展中国家成为倡导并推动国际秩序改革的一支不容忽视的中坚力量。②

非洲大陆自贸区建设需要推动全球治理体系的变革。一方面，非洲大陆自贸区的建设，需要全球治理朝着对非洲更有利的方向演进。当前的国际贸易结构对非洲扩大出口严重不利，阻碍了非洲大陆自贸区的建设。非洲国家通过积极参与全球治理，改善与国际贸易有关的条件，逐步扩大出口的机会，从而获得足够的出口收入，以克服其长期的国际收支赤字并实现稳定增长，这将极大推动非洲大陆自贸区的建设；另一方面，随着世界格局"东升西降"趋势进一步显现，非洲将以更强大统一的立场要求在国际政治经济格局中占据更重要地位，从而服务自贸区建设。

---

① 《新兴市场国家与发展中国家对话会主席声明（全文）》，新华社，2017年9月5日，http://www.xinhuanet.com//world/2017-09/05/c_1121608616.htm.

② 舒建中：《战后国际秩序的演进与启示：制度改革的视角》，《国际问题研究》2021年第1期。

（3）维护世界和平与发展的力量增大

世界各国的发展离不开一个和平稳定的环境。发展中国家是维护世界和平、促进共同发展的重要力量。发展中国家的力量呈现整体抬升的态势，这使全球发展更加全面均衡，世界和平的基础更为坚实稳固。[①] 多极化的推进、世界和平发展的基础愈发牢固将使追求开放发展的非洲大陆自贸区拥有良好的外部环境，助力自贸区建设。

2. 非洲具有潜在的人口红利优势

人口问题始终是非洲面临的全局性、长期性、战略性问题。如何利用好人口红利是非洲建设大陆自贸区的关键内容，一方面，非洲具有充分利用人口红利的潜能；另一方面，非洲充分发挥人口红利资源优势依然面临诸多限制。

（1）利用好人口红利是实现经济发展的重要原因

根据联合国专家的定义，人口红利是当处于工作年龄段（15—64岁）的人口比处于非工作年龄段（14岁及以下，65岁及以上）的人口多时，带来的经济增长。人口红利的概念于20世纪90年代末被提出，用

---

① 《势所必然：发展中国家助力世界多极化》，人民网，2019年2月15日，http://opinion.people.com.cn/n1/2019/0215/c1003-30676544.html.

于描述东亚地区人口结构变化与经济快速增长之间的相互作用。第一波人口红利集中于年龄结构变化对劳动力供给的影响。如果满足三个条件，人口红利机遇就可以被抓住。第一，健康状况的改善，特别是儿童健康状况的改善，提高了儿童的生存率，并导致每个家庭所生孩子的数量减少，因为家庭希望生育的儿童总数减少了。一代儿童的存活率较高，而下一代儿童数量较少，这两个因素结合在一起，造成了一个人口"膨胀"，并产生巨大的经济效应。第二，由于家庭生育的孩子较少，家庭和政府拥有更多的资源投资到儿童教育和卫生，增加了人力资本。同时，较低的生育率使更多的妇女进入劳动力市场劳动力供应得到进一步提振。第三，必须营造一种经济环境，以便这个庞大的人群能够找到高薪工作，而不是简单地失业或被迫从事低生产率的工作。如果这三个步骤都满足且时机合适，那么随着大量劳动力向更高生产率产业转移，将产生第一波人口红利，增加家庭和国民收入。居民更长的寿命意味着，这个庞大且收入更高的人群也希望为退休储蓄。有了正确的政策和发达的金融部门，第二波人口红利可以来自更高的储蓄和投资，从而进一步提高生产率。

（2）**非洲具有挖掘人口红利的潜能**

目前，撒哈拉以南非洲多数国家的儿童死亡率开始下降，许多非洲国家的生育率也开始下降，特别是在受过高等教育的城市妇女中。例如，在埃塞俄比亚，受过高中教育的妇女的生育率低于更替水平（在某个国家或地区平均每个妇女在育龄期间生育的子女数量达到2.1），而埃塞俄比亚全国生育率为每名妇女生育不足5个孩子。随着教育普及，使学龄群体的总和生育率（Total Fertility Rate，TFR）可能低于以前的同龄群体。人们对改善获得计划生育服务的机会重新产生了兴趣。一旦生育率大幅下降，反馈循环就会加速这个过程。[1]

（3）非洲发挥人口红利资源优势制约条件多

首先，经济发展要为劳动人口创造足够多的就业机会，否则人口红利可能会变为负担。发挥人口红利资源优势的关键是推行扩大劳动力需求的经济政策，加上支持健康、熟练劳动力的政策，这本身就能吸引创造就业机会的投资。[2] 分析指出，AfCFTA是通过创造就业机会解决非洲青年和妇女失业问题的有效途径。根据世界银行的数据，非洲青年失业率占非洲大陆失

---

[1] David Canning, Sangeeta Raja, and Abdo S. Yazbeck, *Africa's Demographic Transition: Dividend or Disaster?* 2015, https://openknowledge.worldbank.org/bitstream/handle/10986/22036/AfrDemographicTransitionOVERVIEW.pdf.

[2] David Canning, Sangeeta Raja, and Abdo S. Yazbeck, *Africa's Demographic Transition: Dividend or Disaster?* 2015, https://openknowledge.worldbank.org/bitstream/handle/10986/22036/AfrDemographicTransitionOVERVIEW.pdf.

业总人数的60%。年轻女性比年轻男性更容易失业。自由贸易区的开放使青年和妇女有更多机会成为区域价值链的主要参与者。随着数字经济和电子商务的快速增长，青年和妇女将通过非洲电子商务协会利用非洲的数字基础设施，最大限度地参与到非洲电子商务产业的发展中来，从而获益匪浅。[1] 增加就业也是AfCFTA建设的重要目的。非洲自由贸易区秘书长瓦姆科勒·梅内近日表示，"《非洲大陆自由贸易区协定》将为参与国的当地市场创造更多就业机会，吸引投资"[2]。梅内表示，我们不希望这份协议导致失业。我们希望这份协议能创造就业机会。2019年11月，联合国非洲经济委员会执行秘书松圭表示，非洲大陆自贸区生效实施后将每年创造200万个就业机会并累计增加18亿美元收入。东非地区每年有850万青年劳动力进入用工市场，非洲大陆自贸区的建设不仅将会增加各国贸易和投资机会，也会在解决劳动力就业问题方面发挥重要作用。[3] 尽管自贸区具有增加就业的显著效

---

[1] Benard Ayieko, "AfCFTA Can Benefit Africa's Youth and Women and Increase Sino-African Cooperation", Beijing Review, January 26, 2021, http://www.china.org.cn/opinion/2021-01/26/content_77156575.htm.

[2] Okechukwu Nnodim, "AfCFTA'll Create More Jobs Locally-Secretary-General", September 22, 2020, https://punchng.com/afcftall-create-more-jobs-locally-secretary-general/.

[3] 《非洲大陆自贸区每年将创造200万个就业机会》，中华人民共和国商务部，2019年11月10日，http://et.mofcom.gov.cn/article/jmxw/201911/20191102915429.shtml.

应，但非洲严峻的失业问题并不会随着自贸区的推进就迎刃而解。非洲发展银行、联合国非洲经济委员和非盟等机构联合发布的《2014年联合国千年发展目标报告》指出，尽管非洲地区越来越多的青年进入劳动力市场，但可获得的就业机会严重不足。非洲是全球青年失业率最高的地区，60%的失业人口是青年，根据最新统计，2021年撒哈拉以南非洲的失业率为7.66%，比2020年增加了0.38%。2021年，撒哈拉以南非洲15—24岁青年的失业率为14.81%，比2020年增长0.31%。2021年，撒哈拉以南非洲15—24岁青年的劳动参与率为46.23%，比2020年增长1.17%。[①] 同时，绝大多数青年受雇于非正规行业，工作条件恶劣，报酬低廉，没有劳动合同和社会保障。这也是非洲地区经济快速增长却不能有效减轻贫困的原因之一。

其次，非洲人口结构转型缓慢。人口红利只有在一代生育率下降，下一代人口群体变小，少年儿童抚养比降低，允许每个孩子有更大的投资时才会出现。如果生育率不下降，非洲各国将面临日益增长的人口基数，越来越多的青年群体和儿童将进一步面临健康

---

① Macrotrends, Sub-Saharan Africa Youth Unemployment Rate 1991–2022, https://www.macrotrends.net/countries/SSF/sub-saharan-africa-/youth-unemployment-rate#.

风险、营养不良以及公共和私人教育投资减少。这将导致更高的青年抚养比、更高的贫困率、更高的失业率或就业不足，以及更大的不稳定风险。与世界其他地区相比，撒哈拉以南非洲的生育率下降极为缓慢。虽然儿童死亡率有所下降，但生育率依然居高不下，导致少年儿童抚养比依然很高。20世纪50年代，东亚、南亚和撒哈拉以南非洲三个地区都出现了由于儿童死亡率下降和少年儿童抚养比增加，劳动年龄人口在总人口所占比例增加。1975—2010年，东亚经历了生育率的快速下降，少年儿童抚养比降低，35年来，处于工作年龄段的人口（16—64岁）与受抚养人口的比率从不足1.5上升到2.5的峰值。东亚经济的大幅增长与其人口红利有关：在经济快速增长期间，其增长总量的1/3可归功于人口红利。南亚紧随东亚的步伐，其生育率的下降意味着劳动年龄人口比例正在迅速上升，并将在2040年达到峰值。相比之下，撒哈拉以南非洲预计的生育率下降意味着工作年龄段的人口（16—64岁）与受抚养人的比率比例在1990年开始上升，但要到2080年才会达到峰值。此外，劳动年龄人口与受抚养人口的比例在峰值时仍将低于2。因此，在撒哈拉以南非洲，人口转型对增长的影响预计很小，而且进展缓慢。一个关键问题是，撒哈拉以南非洲地区的生育率下降能否加快，从而使潜在的人口红利机遇更大、更迅速地出现。此外，艾滋病病毒对非洲社会发展带来了沉重负担，特别是在东非和南部非洲，艾滋病导致劳动力人口死亡率上升，使少年儿童抚养比升高。

3. 非洲消费市场潜力巨大

牛津经济研究院 2020 年发布的研究报告《非洲：全球消费者强国的新兴角色》认为，之所以全球投资看好非洲市场，其原因在于，非洲目前是世界上增长最快的消费市场之一。近年来，非洲大陆家庭消费增长速度已经超过非洲整体国内生产总值增速。从 2010 年以来的十年间，非洲大陆的消费者支出连续十年以 5% 左右的年增长率增长。20 年前，非洲消费总支出占美国消费总支出的 20%。而在未来 5 年内，这一比例或将翻一番。报告同时认为，在不断增长的消费需求和不饱和的消费市场之间，存在一定的鸿沟，但这也给投资者带来了机会。[①] 满足和撬动非洲内部需求，使非洲经济增长实现升级转型正是非洲大陆自贸区建设的重要动因。非洲庞大的消费市场将为"非洲制造"创造有利的条件。非洲人口存量大、增速快（尤其是青年人口多），成为非洲消费市场坚挺的动力；非

---

① 《报告：非洲消费市场"苏醒"，未来 5 年非洲消费者支出速率超 8%》，第一财经，2020 年 2 月 18 日，https：//baijiahao.baidu.com/s？id = 1658862877022170816&wfr = spider&for = pc.

洲近些年的高速经济增长以及城市化的快速发展孕育了巨大的消费市场。

（1）非洲人口存量多，增速快，人口结构年轻

人口基数和人口结构是理解消费市场的基础。就人口总数和地理面积而言，非洲是世界第二大大陆，它占地约3037万平方公里，人口约13亿人，占全球人口的16%。非洲人口是美国的四倍，略少于中国的人口。非洲是世界上人口增长率最高的大洲，每年以超过2%的速度增长，其中大约11亿人（占非洲人口的85%）居住在撒哈拉以南地区。非洲人口在20世纪90年代就超过了欧洲，在2000年超过了美洲。到2022年，非洲的人口预计将超过印度和中国。到2100年，非洲预计人口将超过40亿人。[1] 据联合国经济和社会事务部人口司数据显示，预计到2025年，非洲青年人口将占世界青年人口的1/4；到2100年，非洲大陆人口将占据世界总人口的40%，低于25岁的青年人口将占据非洲总人口的60%。高生育率、高增长率态势将使非洲享有特别的人口红利优势。[2]

---

[1] 非洲人口数据参见 World Atlas，https：//www.worldatlas.com/articles/african-countries-by-population.html#：~：text=African%20Countries%20By%20Population.%20Africa%20is%20the%20world E2%80%99s，billion%20people%2C%20or%2016 25%20of%20the%20global%20population.

[2] 转引自王珩、张书林《新冠肺炎疫情背景下的非洲青年发展与中非青年合作》，《当代世界》2021年第3期。

（2）非洲城市化速度快

城市是扩大消费的主要载体，城市化是驱动消费的重要途径。城市为全球国内生产总值贡献了约70%的份额。目前，非洲的城市化速度居世界之首。在近几年内，非洲大量农村人口涌入城市，非洲城市人口的增长率超过了总体人口增长率。从经济指标上看，非洲许多城市的经济增长率都比其本国GDP的增长率高出约0.5个百分点。20世纪50年代，非洲大陆的城市化率只有15%，2010年就飙升至40%，并且预计到2050年将达到56%。非洲城市居民人口将从2015年的4.71亿人增至2050年的13.3亿人，增幅近三倍。到2050年，大多数非洲国家一半以上的人口将居住在城市或城市地区。[①] 非洲城市化的快速发展，催生了非洲中产阶级的出现，中产阶级的崛起为非洲消费市场注入新的活力。麦肯锡数据显示，随着城市化进程的加快，2050年非洲城市人口将达60%，将为消费品销售提供强力支撑。[②]

4. 非洲各国领导人建设大陆自贸区意愿强烈

非洲大陆自贸区诞生于"危机时刻"，充分体现了

[①] 侯洁如：《非洲城市化：挑战与机遇——专访联合国人居署非洲区域办事处主任 Naison Mutizwa-Mangiza》，《中国投资》2019年第8期。

[②] 《非洲消费市场潜力大》，环球网，2015年1月12日，https：//world.huanqiu.com/article/9CaKrnJGAsN。

非洲国家领导人的强烈意愿。它在全球单边主义、保护主义盛行，世界贸易组织面临严峻危机，英国脱欧等背景下启动，显示了非洲领导人寻求开放发展的坚定决心。面对突如其来的新冠肺炎疫情，非洲国家领导人众志成城，加速推动自贸区建设。非洲大陆自贸区秘书长瓦姆科勒·梅内表示，新冠肺炎疫情并没有从根本上减弱非洲国家领导人推动自贸区的政治意愿。各国元首们一如既往地决心完成并实现交易。我们都意识到这是非洲的一揽子刺激计划。如果我们要在非洲实现经济复苏，那将是通过非洲自由贸易协定的支持和非洲内部贸易实现的。[1]

非洲大陆自贸区在较短时间内完成谈判充分说明非洲国家领导人的意愿。2012年1月，非盟在埃塞俄比亚首都亚的斯亚贝巴召开的第18届国家元首和政府首脑会议上通过了"促进非洲区域贸易和快速推进非洲大陆自由贸易区"的决议。2015年6月启动非洲大陆自由贸易区谈判。2018年3月21日，当非盟最终开放签署非洲大陆自贸区协议时，仅仅一年之后，成员国数量就从44个迅速攀升至54个。2019年5月30日，非盟宣布非洲大陆自由贸易区协定正式生效。非

---

[1] Global Trade Review（GTR），"AfCFTA Secretary General Talks Trade：'We have Been the Defenders of Multilateralism'"，August 7，2020，https：//www.gtreview.com/supplements/gtr-africa-2020/afcfta-secretary-general-talks-trade-defenders-multilateralism/.

洲大陆自由贸易区从启动谈判到正式建立仅用了 4 年时间。相比于世界上任何一个自贸区，AfCFTA 的推动进程与实施效率都是无与伦比的。在如此短的时间内经济发展水平参差不齐的数十个国家能够摒弃分歧、寻求共识并最终达成一个高水平的自贸区协议，无疑凝聚与寄托着非洲人民的共同心愿与美好诉求。相比较而言，欧盟和加拿大的自由贸易区谈判耗时 8 年，欧盟和非洲部分地区组织的经济伙伴协定谈判历时十几年仍未达成协议。这表明，非洲国家对于建立非洲大陆自由贸易区的政治意愿强烈，并对非洲大陆自由贸易区促进非洲经济发展的前景持积极乐观的态度。[1]

《非洲大陆自由贸易区协定》执行层面的初始成功条件在很大程度上取决于各成员国及其领导人采取行动执行协议的意愿。展望未来，虽然《非洲大陆自由贸易区协定》已达到实施的必要门槛，但实际实施的意愿仍然掌握在成员国及其领导手中。政治领导人对建立强大经济共同体的意愿和在涉及国家主权等议题上的妥协关系到自贸区能否成功。

5. 非洲各区域经济共同体的支柱作用

非洲各区域经济共同体是建设非洲大陆自贸区的

---

[1] 朴英姬：《非洲大陆自由贸易区：进展、效应与推进路径》，《西亚非洲》2020 年第 3 期。

支柱，尽管 8 个区域经济共同体一体化程度有差异，且存在成员重叠等问题，但非洲区域经济共同体在非洲一体化进程中发挥着不可忽视的作用。[1] 区域经济共同体在一体化进程中积累的丰富经验、做法为非洲大陆自贸区建设作了先行示范，降低了自贸区建设的试错成本。鉴于大多数非洲内部贸易是在区域经济共同体内部进行的，区域经济共同体将继续在非洲贸易格局中发挥核心作用。它们将为《非洲大陆自由贸易区协定》的最终确定、实施和应用做出贡献。通过观察西非国家经济共同体（ECOWAS）的例子，我们可以看到非洲各区域经济共同体很好地支持了非洲大陆自贸区的建设。

（1）利用现有制度推进自贸区建设

区域经济共同体可以利用其现有的协议和制度，助推非洲大陆自贸区实施。为敦促各成员国加快推进人员和货物等自由流动，西非国家经济共同体国家元首和政府首脑会议设立了一个人员和货物自由流动工作组，该机制将在 AfCFTA 启动后，继续发挥重要作用。西非国家经济共同体通过其修订的区域海关守则，支持其成员国协调海关做法，为 AfCFTA 的实施提供便

---

[1] UNECA & African Union, *Assessing Regional Integration in Africa* Ⅱ: *Rationalizing Regional Economic Communities*, Ethiopia: Addis Ababa, May 2006, p. forward.

利。西非国家经济共同体还可以促进非洲大陆自贸区非关税壁垒报告机制与西非现有的非关税壁垒报告机制相融合，减少制度成本。西非国家经济共同体有关基础设施建设项目和海关改革的倡议将有助于促进非洲自由贸易区内货物和人员的自由流动。西非国家经济共同体促进地区一体化的重点项目阿比让—拉各斯高速公路走廊，它的建成将提供精确到内陆国家的海上港口通道来加强西非的贸易和一体化，从而为 AfCFTA 的实施提供便利。西非国家经济共同体成员国在执行共同对外关税的调整期内取得的经验表明，根据《非洲大陆自由贸易区协定》，贸易自由化的一些预期效果。西非国家经济共同体拥有各种区域贸易防御机制，可以用来保护区域内的企业，为西非区域和国家一级的贸易协会，如西非工业协会和尼日利亚制造商协会提供保障。西非国家经济共同体委员会在这一进程中发挥了重要作用，因为启动这些措施的通知已交存该委员会。尽管非洲自由贸易区为非洲国家之间的贸易提供了平台，但西非国家经济共同体等区域组织将提供许多支持非洲内部贸易的关键结构和机构。它们在贸易和经济一体化以外，包括在治理、自由流动、卫生和其他主题方面，也将继续发挥作用。

（2）提高成员国能力以建设自贸区

区域经济共同体将为域内各国海关提供支持和开

展培训，使各个国家在非洲自由贸易联盟规则方面发挥关键作用。鉴于 AfCFTA 将原产地规则引入非洲大陆，这些规则需要与区域经济共同体自身的原产地规则共存，因此需要采取有效的边界管制措施，以避免贸易偏离。这对西非国家经济共同体成员国来说很重要，因为西非国家经济共同体尚未充分达成海关联盟和共同对外关税。西非国家经济共同体委员会可以向各国海关当局提供有关培训，说明如何执行这两种原产地规则，从而有效地办理海关清关手续。

（3）解决分歧，促进自贸区实施

区域贸易协定对于成功执行《非洲大陆自由贸易区协定》非常重要，不仅因为它们能够协调谈判立场，并为执行工作提供支持，而且还因为它们能够解决会员国之间的分歧。虽然西非国家经济共同体委员会和西非国家经济共同体成员国在执行自由贸易协定方面有经验，但一些会员国在各种国内利益的驱使下，没有充分执行所签署的协定。有些国家未能遵守区域承诺的条例和程序，例如尼日利亚决定从 2019 年 8 月 20 日起关闭与尼日尔和贝宁的边界。西非国家经济共同体委员会在通过谈判解决这种贸易限制方面发挥了重要作用，特别是那些人口较少和依赖邻国港口的内陆国家。委员会对成员国的贸易限制做法做出反应，强调合作的经济效益，促进建立有利于多个国家的区域价值链，并鼓励高级别政治参与解决贸易壁垒。西非国家经济共同体和其他区域经济共同体将在调解 AfCFTA 造成或加剧的分歧方面发挥关键作用，确保这种分歧不会妨碍 AfCFTA 的实施和应用。

（二）建立 AfCFTA 的多重效应

建设大陆自贸区是非洲基于自身发展实际做出的战略抉择。从经济上看，更加优惠的贸易和投资条件，使域内经济互动加深，福利整体改善。从政治上来说，利益相互融合使成员国政治上的诉求更一致，有助于提升非洲的国际话语权和代表权。在文化意义上，联合自强的非洲是非洲重建文化自信的重要动力。

1. 改善非洲的整体福利

非洲大陆自贸区首先是一个经贸合作协议，因此具有促进非洲整体福利改善的作用。更大的市场就意味着更多的就业机会，贫困因此就会减少。同时，更大的市场意味着非洲产品具有更多机会，也会促进非洲制造业的发展。更大的市场，还意味着妇女等弱势群体可以有更多机会改善自己的经济地位，从而改变其不利的社会地位。

（1）减少贫困

建设非洲大陆自贸区有助于减少贫困。世界银行估计，到2035年，实施《非洲大陆自由贸易区协定》将使3000万非洲人摆脱极端贫困，并使6800万非洲人摆脱中等贫困。非洲国家全面执行协议的实际收入收益可能会增加7%，即接近4500亿美元（以2014年价格和市场汇率为准）。① 到2035年，非洲极端贫困人口数量的比例预计将从最新估计的34.7%下降到10.9%。② 在西非，贫困人口将减少1200万人，在中非和东非，贫困人口将分别下降930万人和480万人。按照每天PPP（5.50美元）的中度贫困线，③到2035年，ACFTA有可能使6790万人或非洲大陆人口的3.6%摆脱贫困。④

（2）促进内部贸易，特别是制造业贸易

根据自贸区发展的一般规律，AfCFTA的实施将增加内部贸易的规模，提高内部贸易在国家贸易体系中的地位从而增强非洲抵御国际经济冲击的能力。共同的、非歧视的AfCFTA政策框架将增强非洲市场聚合

---

① World Bank, *The African Continental Free Trade Area-Economic and Distributional Effects*, 2020, Foreword.

② World Bank, *The African Continental Free Trade Area-Economic and Distributional Effects*, 2020, p. 5.

③ At the moderate poverty line of PPP US $5.50 a day, AfCFTA has the potential to lift 67.9 million people, or 3.6 percent of the continent's population, out of poverty by 2035.

④ World Bank, *The African Continental Free Trade Area-Economic and Distributional Effects*, 2020, p. 6.

性、减少分散性，实现内部大循环。AfCFTA 助推非洲建立垂直的产业分工体系，增强域内最终产品供给能力，增强发展内生动力。据估计，非洲的制造业产出几乎可以翻一番，从 2016 年的 5000 亿美元增加到 2025 年的 9300 亿美元。其中 3/4 的产出可能来自满足国内需求，主要是食品、饮料和类似的加工产品。[①] 根据世界银行的估计，到 2035 年，随着非洲大陆自贸区的实施，非洲总出口量将比基准增长近 29%。整个非洲内部出口将增长 81% 以上，而对非洲国家以外的出口将增长 19%。对喀麦隆、埃及、加纳、摩洛哥、突尼斯 5 国而言，它们对非洲大陆自贸区内伙伴的出口将增长特别快，出口量相对于基准增长一倍或两倍。在 ACFTA 框架下，制造业出口将获得最大的增长，整体增长 62%，非洲内部贸易增长 110%。对世界其他地区的出口增长了 46%。和制造业相比，农业贸易收益较小，非洲内部贸易增长 49%，非洲对外贸易增长为 10%。服务贸易的增长较为温和，整体增长约 4%，非洲内部增长 14%。[②]

---

① "Lions on the Move Ⅱ: Realizing the Potential of Africa's Economies", McKinsey and Company, September 2016, http://www.mckinsey.com/global-themes/middleeast-and-africa/lions-on-the-move-realizing-the-potential-of-africas-economies.

② World Bank, *The African Continental Free Trade Area-Economic and Distributional Effects*, 2020, p. 5.

(3) 妇女等弱势群体利益改善

联合国粮食及农业组织 2017 年 5 月 25 日发布的《非洲非正式贸易正规化》报告显示，在撒哈拉以南非洲地区，20%—70% 的人都在从事不符合当地税收等规定的非正式跨境贸易。妇女在这种非正式跨境贸易活动中扮演着重要角色，占西非和中非从业人员的一半以上，在南非这一比例约为 70%。AfCFTA 将特别帮助女性减少非正式跨境贸易商所面临的挑战。通过简化贸易制度和降低关税，AfCFTA 使非正规贸易商能够通过正规渠道营商，从而使妇女得到更多保护。同时进一步简化小型贸易商的管理制度，为小型贸易商提供了便利。

2019 年联合国妇女署开展了一项"非洲大陆自由贸易区背景下女性企业家的机会"的研究，报告显示非洲女性贸易商往往面临腐败、不安全和性骚扰。AfCFTA 还特别关注妇女等弱势群体的公平发展问题。作为 AfCFTA 支持提升妇女参与经济活动的一部分，非洲将建立《2021 年非洲女性企业家名录》。名录将所有非洲女性企业家的个人信息等集中在同一平台上，为各国政府、跨国公司、驻非使馆等与非洲女性企业家合作提供便利。

2. 提升非洲在世界政治经济格局中的地位

除了具有可观的经济效益，非洲大陆自贸区建设将成为非洲在国际上统一声音的又一平台，助力非洲提升在国际经济政治秩序中的地位。非盟多次强调各成员国要用"一个声音说话"，以便可以被国际社会听到。非盟指出，各成员国在与第三方谈判时需谨慎行事，以免"致命地损害非洲贸易一体化进程并破坏《阿布贾条约》的愿景和范围"。另外，《非洲大陆自由贸易区协定》第19条明确规定，如果存在与地区性协议冲突或不一致的地方，应以《非洲大陆自由贸易区协定》的规定为准，除非该协议另有规定。长期以来，美欧等大国时常采取"分而治之"的方法与非洲进行经济合作谈判，腐蚀非洲整体利益。研究表明，非洲国家经济规模尚小无法与工业化国家、其他发展中国家或跨国公司进行有效谈判。这也解释了非洲建立区域经济共同体以及最终建立非洲经济共同体的动机。[1] 以欧盟与非洲间的"经济伙伴关系协定"谈判为例，欧盟分别与西非国家经济共同体和南部非洲发展共同体等次区域组织进行谈判，而不是将非洲作为一个集体进行谈判。这种策略受到了包括非洲国家在内的广泛批评，普遍认为这种谈判方式会导致非洲各次区域组织之间"竞相降价"。更重要的是会在非洲国家内部制造

---

[1] John Weeks, "Regional Cooperation and Southern African Development", *Journal of Southern African Studies*, Vol. 22, No. 1, 1996, pp. 99 – 117.

隔阂，阻滞其一体化进程。随着 AfCFTA 的实施，非洲将更多地以"一个立场、一种声音"参与国际经济谈判，这无疑将增大非洲在国际经济中的话语权。《非洲大陆自由贸易区协定》是非洲大陆解决其日益增长的经济重要性与其在全球贸易体系中所处的外围位置之间差距的工具，并在当前分化与未来繁荣之间架起一座桥梁。① 例如，在 WTO 框架下，以 AfCFTA 为代表的非洲，现在可作为一个单一的贸易集团参与谈判，从而确保非洲在 WTO 中拥有一席之地。通过 AfCFTA，世界上最大的区域贸易集团现在可以从内部改变规则，以更有力的谈判立场回到多边论坛。②

3. 促进非洲的和平与安全

一般认为，随着经济依赖的加深，战争或冲突的成本变高，和平与安全就会伴随着经济一体化而出现。尽管存在例外，但经济一体化能够为和平与安全的实现创造可能。

首先，通过增加成员之间对贸易和经济的依赖发

---

① 《非洲大陆自贸协定将提升非洲在国际贸易中的地位》，中华人民共和国商务部，2019 年 12 月 13 日，http：//africanunion.mofcom.gov.cn/article/jd/qt/201912/20191202921978.shtml.

② Katrin Kuhlmann and Akinyi Lisa Agutu, "The African Continental Free Trade Area: Toward a New Legal Model for Trade and Development", *Georgetown Journal of International Law*, Vol. 51, No. 4, 2020, p. 12.

展，区域一体化增加了成员国爆发冲突的代价。随着非洲统一大市场的建立，非洲各国能否在统一大市场中分得一杯羹，主要基于其是否拥有良好的内外部环境。一旦一国内部或者两国之间发生军事冲突，必将给本国发展带来灾难性影响，使执政党的执政基础面临严峻考验。在这种背景下，一国执政者必然会在处理内部或与他国争端问题上更加谨慎。

其次，区域一体化和区域贸易往往为成员国提供共同的愿景，并使它们走上共同的道路，从而使它们的经济利益交织在一起，并有助于维护区域的和平与稳定。《非洲大陆自由贸易区协定》指出，自贸区的总体目标是：根据《2063年议程》所追求的"一个融合、繁荣与和平的非洲"泛非愿景并在人员流动的推动下，建立一个单一的货物和服务市场，以深化非洲大陆的经济一体化。因此，《非洲大陆自由贸易区协定》有着明显的以贸易促和平的导向和追求。世界银行研究表明，区域贸易协议除了促进贸易流动，也对消除政治冲突起着显著的作用。也正如非洲大陆自贸区贸易促进与项目主管弗朗西斯·曼格尼（Francis Mangeni）所指出的，贸易创造和平，世界各地的项目让我们意识到一体化可将过去的敌人变成盟友或朋友。非洲自贸区将是推动和平的因素。[1]

---

[1] 弗朗西斯·曼格尼：《贸易创造和平 有效的非洲自贸区能够对解决全球问题做出贡献》，中国网，2020年12月11日，http://www.china.com.cn/opinion/think/2020-12/11/content_77002667.htm.

（三）非洲大陆自贸区建设面临的挑战

尽管非洲次区域的经济一体化已经进行多年，有的次区域组织如东非经济共同体已达到关税同盟的高度。但在整个非洲大陆范围内，协调如此多的国家和次区域组织，重新安排统一的贸易投资框架，难度可想而知。但更需要担忧的是制约非洲工业化和发展的根本问题，如羸弱的制造能力、较低的贸易便利化水平、集体行动的困境、基础设施建设匮乏等因素掣肘非洲大陆自贸区的发展。世界经济论坛表示，非洲自由贸易区的全面、有效实施将带来变革性影响。非洲自由贸易协定秘书长瓦姆凯莱·梅内承认未来的道路仍然艰巨。他在早些时候的采访中对《非洲复兴》表示："我们必须卷起袖子干活，努力工作。"[①]

1. 全球贸易保护主义抬头

（1）美欧大国针对中国等发展中国家的保护主义抬头

自特朗普政府以来，中国成为美国贸易保护升级、挑起贸易摩擦的头号目标。2018年3月美国公布对华

---

① Kingsley Ighobor, "AfCFTA: Africa Readying for Free Trade Come January 2021", November 30, 2020, https://www.un.org/africarenewal/magazine/november-december-2020/afcfta-africa-readying-free-trade-come-january-2021.

301 调查报告的同时出台征税清单；2018 年 6 月美国宣布对 500 亿美元中国出口商品加征 25% 的关税；2018 年 9 月美国又宣布对 2000 亿美元中国出口商品加征 10% 的关税；2019 年 5 月美国背弃与中国的磋商承诺，再次宣布对上述商品加征关税上调至 25%；2019 年 8 月美国宣布对剩余约 3000 亿美元的中国出口商品加征 10% 的关税。美国把贸易保护主义推向贸易霸凌主义将对中美双方的经济还有世界其他经济体，尤其是亚洲的经济发展带来负面影响。而这种负面影响不仅使国际贸易额减少，同时对各国之间的商业合作信心造成打击。南非开普敦大学经济学教授安东尼·布莱克（Antony Black）指出，作为世界两大经济体，中美两国之间的贸易摩擦如果一直持续下去，不仅会阻碍中美两国在内的世界各国的经贸发展，而且还会影响到非洲对世界其他地区和国家的出口以及出口商品的价格，对非洲国家的经贸发展也会带来负面影响。[①]

近年来，由于欧盟自身经济发展持续不振，就业形势疲弱，在贸易领域相对处于较为被动的态势，面临来自美日的知识密集型产品和来自发展中国家的劳

[①] 《南非学者：美国贸易保护主义阻碍全球经贸发展》，中国新闻网，2019 年 9 月 2 日，https://www.chinanews.com/gn/2019/09-02/8944802.shtml.

动密集型产品的两面夹攻。特别是 2020 年以来，欧盟迫于成员国要求，对发展中国家有较大竞争优势的劳动密集型产品频繁进行反倾销调查，并通过征收反倾销税或配额等限制手段对其内部市场进行保护，以期缓和来自部分企业及工人的压力。

全球兴起的保护主义对非洲建设自贸区不利。短期看，全球范围内的贸易保护主义可能会影响到制药和医疗设备供应，使非洲成为抗击新冠肺炎疫情的洼地，阻碍非洲经济恢复，延迟非洲统一大市场的建设。长期来看，贸易保护主义可能会导致潜在的全球供应链受损。而当前正值非洲建立大陆自由贸易区的关键时刻，确保《非洲大陆自由贸易区协定》取得成功的关键因素是建立区域价值链，确保非洲内部的商品和服务贸易得以实现。但由于参与国家缺乏至关重要的生产能力，服务贸易前路艰难。若世界其他地区不再施行贸易保护主义，并增加对非洲的中间投入，非洲将需要更快开拓国内或区域性生产线，但这也意味着需要更多投资，而这笔投资很大程度上必须从国外获取。然而联合国贸易和发展会议的一项研究发现，在 2020—2021 年间，外国直接投资流动的下行压力可能在 −40% 至 −30% 之间。[1]

---

[1] Elizabeth Sidiropoulos：《疫情下的非洲与逆行的全球化》，复旦发展研究院，2020 年 5 月 6 日，https：//fddi.fudan.edu.cn/92/11/c21253a234001/page.htm.

（2）对主导国际贸易规则的多边框架的支持减弱

目前，代表国际贸易一体化的 WTO 正面临着新的挑战。具体表现在多哈回合贸易谈判受阻、近年来未取得大的成果以及上诉机构停摆等。WTO 因其作用没有充分发挥出来以及受到双边自由贸易协定和区域自由贸易协定的挑战，导致其权威下降。[①] 在多哈回合谈判中，欠发达国家关注世贸组织能否有所作为促进其发展，而发达国家关注世贸组织能否成为稳定、透明和可预测的贸易体系，国际社会期待中国等经济实力较强的发展中国家在世界贸易组织中尽更多的义务。由于存在根深蒂固的分歧，发展中国家和发达国家在涉及世贸组织改革等一系列问题上无法达成统一意见，导致世贸组织支持受损。2018 年在阿根廷举行的第 11 次世贸组织部长级会议最终以发展中经济体和发达经济体无法调和分歧而告终。正如欧盟指出的，现行国际经济治理框架正受到破坏。如果继续下去，那么将对经济关系和贸易，以及对被我们视为常态的安全和稳定产生影响……世界贸易组织目前正面临一场危机，并且未能达成应对全球贸易挑战的谈判结果。它解决贸易争端的能力没有发挥作用。此外，它的监督体系

[①] 全球化智库 CCG：《WTO 的未来前景如何？他们这样说——中国入世 20 周年 CCG 研讨会成功举办》，https：//www.163.com/dy/article/GA5CGI1F0519PJJ6.html.

需要改进,以确保透明度或防止贸易壁垒。①

以世贸组织为核心的国际贸易多边框架受损对建设非洲大陆自贸区不利。世贸组织的 44 个非洲成员国和 9 个观察员国都是《非洲大陆自由贸易区协定》的签署国。目前正在谈判加入世贸组织的 22 个国家中,几乎有一半来自非洲。一个充满活力的世贸组织有助于为非洲与世界其他地区的有利的贸易机会创造条件。② 但目前,世贸组织面临多方面挑战,使得陷入困境的 WTO 在一定程度上掣肘 AfCFTA 建设。例如,多哈回合贸易谈判于 2001 年启动,非洲国家将所有希望和期望都寄托在将发展注入多边贸易体制中。但该谈判开启 20 多年来,几乎没有什么成就可展示的。多哈回合谈判的目的是推进进一步的农业贸易自由化,更多地考虑到发展中国家的农业利益。农业是大多数非洲国家的支柱产业,超过 70% 的非洲人口以农业为生,除粮食以外的农产品出口是非洲国家外汇收入和财政收入的主要来源,攸关非洲的国计民生。由于一些世贸组织成员国的不公平贸易做法,非洲农产品面

---

① 《欧盟贸易政策审议——开放、可持续和坚定的贸易政策》,中国社会科学院欧洲研究所,2021 年 2 月 26 日,http://ies.cass.cn/wz/yjcg/ozjj/202102/t20210226_5314196.shtml.

② "Statement by Ambassador Amina Mohammed Cabinet Secretary for Sports, Culture and Heritage, Addis Ababa", February 12, 2020, https://www.wto.org/english/thewto_e/acc_e/3rd_addis_ababa_high_level_session_amina_mohamed_12_02_2020.pdf.

临着价格低迷和市场准入受限问题。撒哈拉以南非洲是唯一一个真正失去国际农业贸易市场份额的地区：其份额从1990年的6%下降到2003年的5%左右。在国内出售农产品的农民由于富裕国家倾销而面临着价格压力，这迫使许多农民完全放弃了农业。农业贸易的不公平规则对非洲的减贫和粮食安全产生严重影响。[①]《多哈宣言》规定，世贸组织成员国必须同意"逐步减少并取消一切形式的出口补贴，并大幅度减少扭曲贸易的国内支持"。但没有确定取消出口补贴的确切日期，关于取消隐性出口补贴的协议似乎遥遥无期。目前，农产品市场的进一步开放，特殊产品等议题拖延未决，以及发达国家对取消农业补贴承诺的实质履行效果不佳等导致非洲农产品出口屡屡受阻。农产品出口受阻一方面将进一步制约非洲各国建设非洲大陆自贸区的资金投入，另一方面，非洲各国的农产品同质性高、互补性较差，进一步制约了非洲农业发展。

此外，长期以来，WTO争端解决机制以其独特的上诉审查机制一直被视为全球经济治理皇冠上的明珠，现在基本陷于瘫痪。如果争端解决系统停止运作，很难看出该机构的规则制定和谈判职能如何能够持续下

---

① "Oxfam Briefing Paper, Africa and the Doha Round: Fighting to Keep Development Alive", November 2005, https://oxfamilibrary. openrepository. com/bitstream/handle/10546/114077/bp80-africa-doha-091105-en. pdf; jsessionid = C2E48500E1D3801AE91DC49A017A6015? sequence = 1.

去。优惠和固有的歧视性贸易安排正日益破坏以不歧视原则为核心的多边贸易体制。非洲渴望与所有世贸组织成员合作,解决上诉机构的僵局。非洲在世贸组织中唯一持久的需求是该组织将发展置于中心位置,因为贸易只是实现发展的一种手段。① 但目前来看,如何使 WTO 改革更多体现发展中国家的发展愿望,依然任重道远。

(3) 英国"脱欧"

英国决定退出几十年来一直是世界上一体化程度最高的贸易集团之一——欧洲联盟。2016 年英国经过全民公投选择脱离欧盟,2017 年年初英国议会下议院以压倒性多数投票通过政府提交的"脱欧"法案,授权首相特雷莎·梅(Theresa May)启动"脱欧"程序。英国在 2017 年 3 月底之前触发《里斯本条约》第 50 条,正式开启"脱欧"谈判。根据英国与欧盟的协议,英国应在 2019 年 3 月 29 日正式"脱欧"。2018 年 6 月 26 日,英女王批准英国"脱欧"法案,允许英国退出欧盟。英国"脱欧"不仅使欧盟本身的影响力和吸引力受损,也使得那些追随欧盟脚步实现地区一体化的区域经济共同体心生疑虑。英国"脱欧"是欧

---

① Premium Partner, "WTO Membership and the AfCFTA Implementation", February 12, 2020, https：//www.wto.org/english/thewto_e/acc_e/mr_stephen_karingi.pdf.

洲一体化进程的重大挫折，不仅对欧洲内部的人员经贸往来制造出新的障碍，也反映出欧洲国家之间在贸易自由化问题上的不同步，重新开启了欧洲大陆内部的贸易壁垒。① 英国脱欧致使欧洲区域内、对外经贸活动的"去便利化"。英国和欧盟的跨区域间贸易也面临规则重叠与交错的问题。其他国家跟英国进行贸易可能需要"再起炉灶"，重谈一套有别于与欧盟进行交易的贸易规则。毕竟英国与欧盟的贸易主张并不一致，在标准化及其他相关问题方面分歧明显。除了提高经贸活动的门槛，英国"脱欧"还增加了企业海外融资的难度，也给投资领域带来一定的影响。② 总而言之，英国"脱欧"使全球迈向自由贸易的进程受阻，增加了欧非贸易乃至世界贸易的成本。

2. 非洲大陆自贸区内制造能力有限

在自贸区内或关税同盟内，通常存在两种效应，即"贸易转移"和"贸易创造"。实施自由贸易使区域内一国成本高的产品被伙伴国成本低的产品所替代，原来由本国生产，现在从伙伴国进口，本国可把原来生产高成本产品的资源转向生产成本低的产品，由此

---

① 姚树洁、汪锋：《西方贸易保护主义思潮为什么愈演愈烈》，《人民论坛》2018 年第 18 期。
② 任琳：《英国脱欧对全球治理及国际政治经济格局的影响》，《国际经济评论》2016 年第 6 期。

实现"贸易创造"。同样，由于原本从外部世界进口的成本低的产品改为从伙伴国进口的成本较高的产品，造成一定损失，即"贸易转移"。如 AfCFTA 无法生产出物美价廉的制成品，域内国家很可能放弃优惠贸易安排，寻求与域外第三方进行贸易，尤其考虑到当前与美国、欧洲等普遍存在的优惠贸易安排。因此，自由贸易区内减免关税或非关税壁垒不会自然使成员国之间贸易增加和总体福利改善。提升内部生产能力，实现非洲供给侧升级换代是自贸区能够产生效益的关键。

短时间内，非洲制造无法满足其内部的强大需求。而真正推动非洲区域内贸易增加的动力是"非洲制造"。虽然按 2010 年美元不变价格计价，撒哈拉以南非洲制造业增加值从 2000 年的 985.19 亿美元增加到 2019 年的 1878.98 亿美元，[①] 但非洲制造业在世界经济框架内的占比微不足道。2019 年 4 月普华永道发布的报告指出，非洲在世界制造业附加值占比仅为 1.6%。[②] 非洲的生产与消费长期严重脱节的事实一时难以根本扭转。非洲主要生产供应国际市场的石油、

[①] World Bank, https://data.worldbank.org/indicator/NV.IND.MANF.KD?locations=ZG.

[②]《普华永道发布非洲制造业报告》，中华人民共和国商务部，2019 年 4 月 3 日，http://www.mofcom.gov.cn/article/i/jyjl/k/201904/20190402849623.shtml.

矿产品等初级产品，但由于非洲本土的工业基础差，这些产品在当地被消费的比率很低。近年来，随着非洲中产阶层的崛起，汽车、计算机及电子产品、汽车配件、服装和时尚配饰、手机等成为非洲消费市场的宠儿。但受制于非洲落后的制造能力，当地民众只能通过大规模进口商品满足需求。随着AfCFTA的实施，非洲统一大市场的建立有望催生一大批立足非洲本土市场的企业。但自贸区内实现贸易便利化是一个循序渐进的过程，吸引国际资本进行产业布局形成规模生产也需要时间。因此，AfCFTA的实施不会产生立竿见影的效果，而将随着时间的推移彰显其生命力。

3. 非洲贸易便利化水平低

贸易便利化水平低是阻碍非洲区内贸易发展的重要原因。非洲大陆平均关税水平8.7%，但非关税阻碍因素的存在使其贸易成本增至283%，非关税成本为世界最高水平。[1] 根据经济合作与发展组织（Organization for Economic Cooperation and Development，OECD）的定义，非关税壁垒是指除了正常关税以外，具有限制国

---

[1] Lily Sommer, Linda Calabrese, Maximiliano Mendez-Parra and David Luke, "Smart Industrialization through Trade in the Context of Africa's Transformation", August 2017, https://www.researchgate.net/publication/341298340_Smart_industrialisation_through_trade_in_the_context_of_Africa's_transformation.

家间贸易效果的措施。这些措施包括价格和数量控制措施、反倾销和保障措施、卫生和植物卫生标准、技术性贸易壁垒、出口措施、与贸易有关的投资措施、分销限制、售后服务限制、补贴以及与知识产权和组织规则有关的措施。需要说明的是，非洲各国非关税壁垒的差异性非常大。喀麦隆、加蓬和乌干达的平均水平接近 0，阿尔及利亚、科特迪瓦、埃及、尼日利亚、塞内加尔、苏丹和坦桑尼亚的平均非关税水平很高。[1]

国际货币基金组织指出，假设将非洲的贸易物流质量提高到全球平均水平（提高约 19%），将降低跨境货物运输的成本，使非洲内部贸易增加 12%。[2] 例如，卡车在非洲运送货物过境的平均等待时间为 97 个小时，[3] 按照世界银行的说法，一个装有汽车零部件的集装箱由刚果（金）海关清关大约需要三个半星期。尽管坦桑尼亚和乌干达已经建立了一站式边境检查站，以期缩短它们之间的货物运输时间，但很快出现了以货物差异标准为形式的新的延误，凸显了非关税壁垒

---

[1] Antoine Bouët, "Lionel Cosnard and David Laborde, Measuring Trade Integration in Africa", *Journal of Economic Integration*, Vol. 32, No. 4, December 2017, pp. 937–977.

[2] IMF, "Sub-Saharan Africa Regional Economic Outlook: Recovery Amid Elevated Uncertainty", April 2019, pp. 46–47.

[3] Afro Champions, "AfCFTA Year Zero Report", May 2020, p. 23.

的变化性。非洲人发现去非洲其他地方旅行比来非洲的欧洲人和美国人更困难。南非需要莱索托国民的签证，莱索托的国家在地理上位于南非境内，而居住在这些国家的澳大利亚人和美国人不需要获得任何签证就可以访问南非。

如果从基础设施、营商环境、市场准入、边境管控指标衡量一国或地区的贸易便利化水平，那么非洲整体落后，且区域不均衡，东部非洲和南部非洲发展较好，中部和西部非洲发展较差。[1] 近年来，非洲在基础设施建设子指标信息通信技术使用和有效性及质量方面改进明显，但在边境管控效率及透明度方面持续恶化，新冠肺炎疫情加剧了这一局面。在撒哈拉以南非洲贸易便利化进程中，边境管控仍为最突出薄弱环节，整体堪忧，唯有肯尼亚、加纳、卢旺达等少数国家取得较大突破。非洲总体基础设施不佳、融资困难等制约贸易便利化问题具有长期性、结构性，需持久发力。

4. 集体行动的困境

"火车跑得快，全凭车头带"。南非、尼日利亚、埃

---

[1] "The Global Enabling Trade Report 2016", November 30, 2016, World Economic Forum and the Global Alliance for Trade Facilitation, http://www3.weforum.org/docs/WEF_GETR_2016_report.pdf.

及等地区大国对于 AfCFTA 的态度及支持力度直接关系到自贸区能否成功,但非洲的事实多少让人担忧。非盟合作伙伴"非洲冠军"联合咨询机构发布《非洲自贸区元年报告》称,非洲各国对 AfCFTA 总体平均承诺水平①为 44.48%,整体实施准备水平②为 49.15%。南非、尼日利亚、埃及均不在综合表现前十名的国家之列,也均不在承诺水平前十名行列。其中,尼日利亚对 AfCFTA 的承诺水平仅为 20.9%,位列倒数。③ 承诺水平反映出非洲各国推进 AfCFTA 的真实意愿,排名反映出一些最不发达的国家渴望利用非洲大陆自由贸易区带来的更大的市场和机会。而非洲大国似乎顾虑重重。尼日利亚的例子能说明排名背后的真实故事。

尽管最终签署了《非洲大陆自由贸易区协定》,但尼日利亚成为最后一个签署该协定的国家,直到 2020 年 11 月才批准。尼日利亚是非洲人口最多的国家,也是非洲的经济大国。但尼日利亚一直都拒绝加入《非洲大陆自由贸易区协定》,政府表示需要与本国制造商和工会进行进一步磋商。尼日利亚工会警告称,自由贸易可能为廉价进口商品打开大门,从而可能削弱尼

---

① 承诺水平包括:对 AfCFTA 条约的承诺、对人员自由流动的承诺两个主要指标。

② 实施准备包括:贸易便利化、信贷便利化两个主要指标。

③ Afro Champions,"AfCFTA Year Zero Report",May 2020,pp. 1 – 32.

日利亚新生的工业基础。尼日利亚劳工大会是一个伞形组织，它将《非洲大陆自由贸易区协定》描绘成一个"具有辐射性的新自由主义政策倡议"，称其可能导致"该国遭遇空前肆虐的外国干涉"。延误签署协定反映了一个严峻事实，即尼日利亚国内反对 AfCFTA 声音很大。尼日利亚消费者和贸易商以及某些行业，包括金融和电信服务行业，可能会从 AfCFTA 中受益，因此广泛支持尼日利亚参与 AfCFTA。但制造业部门对 AfCFTA 持怀疑态度。长期以来，受益于尼日利亚国内严格贸易制度提供的保护，制造业部门最初游说反对 AfCFTA，并敦促政府确保尼日利亚庞大的国内市场不成为外国产品的"倾销地"，从而伤害本地制造业。[1]尼日利亚政府最终签署和批准 AfCFTA，表明尼日利亚政府在缓解当地制造业的担忧方面取得了一些进展。但贸易保护主义的强大既得利益集团仍然广泛存在于尼日利亚。这些既得利益群体的身影可从尼日利亚不断关闭边境以保护当地工业免受"走私"影响可以看到。上述封锁措施违反了 AfCFTA 的精神，对邻国产生了负面影响，导致区域紧张局势加剧。另外，尼日利亚近年来多次颁布进口禁令以保护本国的制造业，如

---

[1] Philomena Apiko, Sean Woolfrey and Bruce Byier, "The Promise of the African Continental Free Trade Area (AfCFTA)", Maastricht: The European Centre for Development Policy Management Discussion, Paper No. 287, December 2020, p. 9.

禁止进口纺织品、塑料制品以及自行车、厨房用具等产品。尼日利亚既得利益群体的存在和封锁政策使人们对尼日利亚政府的承诺产生怀疑。另外，作为非洲重要经济体的肯尼亚于 2020 年 2 月开始与美国进行双边贸易谈判，此举似乎与该国对 AfCFTA 的承诺背道而驰。

5. 基础设施严重短缺

研究指出，对非洲自由贸易收益的预测是基于正统的经济模型计算得出的，但线性的供求关系可能未完全涵盖外部性，例如国家执行能力的可用性，必要的基础设施，政策一致性等。[①] 基础设施一直是世界各国和地区互联互通和生产力增长的基石。基础设施的互联互通能够帮助各国充分利用其资源禀赋，更好地融入全球供应链和产业价值链。尽管数字化转型正在缩小国家之间的经济距离，但即使在控制了收入水平，经济规模和互联网普及率之后，双边贸易仍与距离负相关。[②] 因此，没有道路联通，就没有贸易畅通。非洲

[①] Kingsley Ighobor, "AfCFTA: Africa Readying for Free Trade Come January 2021", November 30, 2020, https://www.un.org/africarenewal/magazine/november-december-2020/afcfta-africa-readying-free-trade-come-january-2021.

[②] Peter Egger, "On the Role of Distance for Bilateral Trade", *The World Economy*, April 3, 2008, Vol. 31, No. 5, pp. 653–662.

各次区域共同体之所以发展缓慢，也是因为彼此交通不便。尽管西非国家经济共同体内部的各项共同市场协议已经签订几十年，但落后的交通条件仍阻碍着市场准入。

为提高非洲基础设施水平，早在 2012 年，非盟就制定和通过《非洲基础设施发展规划》（*Programme for Infrastructure Development in Africa*），整合了 2012—2040 年间非洲现有各类跨国跨区域基础设施发展规划，涵盖能源、交通、信息通信和跨境水资源四大领域，设定了建成高速公路 3.72 万公里、铁路 3.02 万公里、输电线路 1.65 万公里和 13 亿吨港口运输能力的目标，成为非洲国家和地区组织的基建指南。[1]《非洲基础设施发展规划》有望启动拉各斯—阿比让运输走廊，赞比亚—坦桑尼亚—肯尼亚输电线路，拉各斯—阿尔及尔高速公路和布拉柴维尔—金沙萨大桥等项目。

相比巨大的需求，非洲基础设施的供给严重不足。正如非洲开发银行行长唐纳德·卡贝鲁卡（Donald Kaberuka）指出的，目前，非洲在基础设施建设方面正在变得更加积极有为，正在努力撬动私人市场，但也只是杯水车薪。当下，把国内税收、从资本市场转移过来的资金、从国际金融机构借来的资金都用于基础

---

[1] 黄云卿、徐泽来：《非洲一体化与中非经贸合作新路径》，《中国国情国力》2018 年第 4 期。

设施建设，也只有 5000 万美元，但是目前的缺口是 500 亿美元。①

6. 自贸区收益的公平分配问题

根据自由贸易区的一般实践，普遍认为分配在自贸区成立初期会比较明显，但随着贸易量的显著增加，自由贸易的"绝对收益"会使成员国不再关心"相对收益"。因此，自贸区收益的分配问题不会成为制约自贸区持续推进的影响因素。但上述逻辑仅是理论可能，且忽视了成员国在自贸区启动初期对分配不公平的可接受程度。对最脆弱的国家而言，有效执行《非洲大陆自由贸易区协定》可能需要付出巨额成本，尤其是短期财政调整成本。如果突然的关税收入损失和其他调整成本成为持续的宏观经济不稳定的根源，这些成本可能会将最初的双赢大陆贸易一体化项目转变为有输有赢。

一般而言，建成自由贸易区后，区内各国经济从一个均衡点向另一个均衡点的发展将产生过渡性调整的代价。短期内这种代价可能很大，表现为暂时的失业和生产能力闲置，从而引起过渡时期的福利损失。在过渡期结束后，资源将通过重新配置转向较好的用

---

① 《对话非行行长：非洲需要"非投行"》，《第一财经》2015 年 7 月 22 日，https://www.yicai.com/news/4648776.html.

途。显然，在区域集团的成员国之间劳动和资本的流动性越强，这些过渡性损失就可能越小。但资本和劳动在成员国间自由流动的前提条件在非洲实行大陆自贸区初期并不充分。贸易说到底是人与人之间的关系，只有公民能够在非洲大陆内自由流动和工作，AfCFTA才有可能顺利实施。因此，2018年3月AfCFTA协定签署当天，便有44个国家提交了《人员自由流动议定书》。然而，两年后，仍然只有32个国家签署了该议定书，只有4个国家（卢旺达、马里、尼日尔、圣多美和普林西比）完成了批准程序，许多签署了议定书的国家并未实现人员自由流动（贝宁、塞舌尔未完成批准程序却实现了免签入境）。

三 "一带一路"倡议与非洲大陆自贸区建设

不同于其他多边或区域合作机制,"一带一路"倡议以共同发展为优先目标,不以设置规则门槛为前提条件。"一带一路"建设始终从各国发展的实际需要出发,按照共商、共建、共享的原则推行多元化的合作机制,致力于打造以利益共同体和责任共同体为基础的命运共同体。[①] 前文提到,非洲大陆自贸区建设以发展为导向,为破解经济发展困境提供了非洲方案,这些都与"一带一路"的理念不谋而合。"一带一路"遇上非洲大陆自贸区,将为中非带来巨大的机遇。

---

① 《专家纵论"疫情后时代"的中国与世界》,中国日报网,2020年4月20日,https://cn.chinadaily.com.cn/a/202004/20/WS5e9d45a9a310c00b73c784b6.html.

（一）"一带一路"与非洲：历史与现实

历史上，古代丝绸之路与非洲渊源深厚。"一带一路"倡议提出后，非洲从"一带一路"倡议的"局外人"逐步成为"重要参与方"。非洲与"一带一路"的关系逐渐从模糊走向明确，体现了"一带一路"开放包容的特点，也体现了中非在"一带一路"倡议下不断夯实合作基础的坚定决心。"一带一路"倡议虽然由中国提出，但它坚持共商共建共享的原则，是属于世界的公共产品。

1. 非洲是"一带一路"历史和自然延伸

习近平主席在北京国家会议中心出席中非领导人与工商界代表高层对话会暨第六届中非企业家大会开幕式时指出，非洲是共建"一带一路"的历史和自然延伸，是重要的参与方。回眸历史不难发现，非洲与古代丝绸之路有着较深的渊源，非洲是古代丝绸之路的途经地和目的地之一，古代陆上丝绸之路和海上丝绸之路都曾将非洲与亚欧大陆联系起来，这其中也包括将非洲与中国联系起来。[1] 秦汉以降，丝绸之路逐渐

---

[1] 王南：《非洲："一带一路"不可或缺的参与者》，《亚太安全与海洋研究》2015年第3期。

形成，中国的丝织品源源不断输往中亚、西亚和欧洲，又渡海抵达非洲。又有海上一路，自唐以来，历经磨难扬帆西行，经南亚中东，抵达非洲东岸，明朝时郑和船队更是为中国与非洲国家间友好交往书写壮伟篇章。

2. 非洲各国积极参与"一带一路"建设

"一带一路"倡议提出初期，非洲在其中的定位较模糊。2013年9月和10月由中国国家主席习近平分别提出建设"新丝绸之路经济带"和"21世纪海上丝绸之路"的合作倡议，即"一带一路"倡议。2014年12月的中央经济工作会议、2015年2月的"推进'一带一路'建设工作会议"，特别是2015年3月28日国家发展和改革委员会、外交部、商务部联合发布的《推动共建丝绸之路经济带和21世纪海上丝绸之路的愿景与行动》（以下简称《愿景与行动》），标志着"一带一路"倡议正式进入大众视野。《愿景与行动》虽然也提及非洲和非洲大陆，但未能明确将非洲纳入"一带一路"建设规划之中。正如有学者指出的，对于曾作为古代海上丝绸之路终点的非洲来说，其定位在"一带一路"初期（2013—2015年）规划中并不明确。突出体现在"一带一路"标志性文件未明确非洲的定位问题、2015年发布的最新版的《中国对非洲政策文件》未提及"一带一路"、中非合作论坛约翰内斯堡峰会成果文件曾提及"一带一路",但未明确具体进程。① 鉴于此,有学者指出,在"一带一路"倡议基础上,有必要加上习近平主席在 2013 年首次出访非洲时提出的"中非共同体"的非洲战略,成为"一带一路一洲"②。首位中国政府非洲事务特别代表、前外交部非洲司司长刘贵今认为,中国在非洲已经做了本质上属于"一带一路"的事情,中非之间的合作是小型的或者说是非洲版的"一带一路"计划。中国在"一带一路"官方文件中没有将非洲列入,是为了避免外界特别是阴谋论者关于地缘政治的疑虑和猜忌。③

2016 年以来,非洲在"一带一路"建设中的地位日益明确。④ 2016 年 9 月,时任外交部非洲司司长的林松添指出,非洲是"一带一路"建设的重要方向和落脚点。⑤ 外交部部长王毅在 2017 年新年伊始访问非

---

① 赵晨光:《从先行先试到战略对接:论"一带一路"在非洲的推进》,《国际论坛》2017 年第 4 期。

② 《林毅夫:"一带一路"需要加上"一洲"》,观察者网,2015 年 1 月 19 日,https://www.guancha.cn/LinYiFu/2015_01_19_306718.shtml。

③ 《2015 年后发展议程中方立场文件》,中华人民共和国外交部,2015 年 5 月 13 日,http://www.fmprc.gov.cn/web/ziliao_674904/tytj_674911/zcwj_674915/t1263453.shtml。

④ 王学军:《非洲发展态势与中非共建"一带一路"》,《国际问题研究》2019 年第 2 期。

⑤ 《非洲是建设"一带一路"的重要方向和落脚点——访外交部非洲司司长林松添》,中非合作论坛网站,2016 年 9 月 2 日,https://www.fmprc.gov.cn/zflt/chn/zxxx/t1393977.htm。

洲时表示，中国与非洲国家尤其是非洲东海岸国家就"一带一路"建设进行对接和探讨，取得了积极进展。① 2017年5月在"一带一路"国际合作高峰论坛召开之际发布的官方文件进一步明确指出，非洲是共建"一带一路"的关键伙伴。② 习近平主席在"一带一路"国际合作高峰论坛开幕式上的演讲指出，"一带一路"建设植根于丝绸之路的历史土壤，重点面向亚欧非大陆，同时向所有朋友开放。不论来自亚洲、欧洲，还是非洲、美洲，都是"一带一路"建设国际合作的伙伴。③ 2018年中非合作论坛北京峰会通过的《关于构建更加紧密的中非命运共同体的北京宣言》指出，非洲是"一带一路"历史和自然延伸，是重要参与方。中非共建"一带一路"将为非洲发展提供更多资源和手段，拓展更广阔的市场和空间，提供更多元化的发展前景。我们一致同意将"一带一路"同联合国2030年可持续发展议程、非盟《2063年议程》和非洲各国发展战略紧密对接，加强政策沟通、设施

---

① 王毅：《欢迎非洲国家参与"一带一路"建设》，中华人民共和国外交部，2017年1月8日，https：//www.mfa.gov.cn/web/zyxw/t1428901.shtml.

② 《共建"一带一路"：理念、实践与中国贡献》，推进"一带一路"建设工作领导小组办公室，2017年5月，https：//www.yidaiyi-lu.gov.cn/wcm.files/upload/CMSydylgw/201705/201705161046039.pdf.

③ 习近平：《携手推进"一带一路"建设——在"一带一路"国际合作高峰论坛开幕式上的演讲》，人民出版社2017年版。

联通、贸易畅通、资金融通、民心相通，促进双方"一带一路"产能合作，加强双方在非洲基础设施和工业化发展领域的规划合作，为中非合作共赢、共同发展注入新动力。① 2020 年 12 月，国家发展和改革委员会主任何立峰同非盟委员会主席穆萨·法基·穆罕默德（Moussa Faki Mahamat）共同签署了《中华人民共和国政府与非洲联盟关于共同推进"一带一路"建设的合作规划》。这是中国和区域性国际组织签署的第一份共建"一带一路"规划类合作文件，将推动"一带一路"倡议与非盟《2063 年议程》深入对接，开启中非高质量共建"一带一路"的崭新篇章。中国将与非盟委员会建立共建"一带一路"合作工作协调机制，将双方有关执行部门和资源有效对接，构建交流、沟通、磋商的渠道和机制，及时解决规划实施和项目执行中遇到的问题，推动《合作规划》顺利落地。中国正同非盟编制《中非基础设施合作规划》，支持中国企业以投建营一体化模式参与非洲基础设施建设，加强能源、交通、信息通信、跨境水资源等合作，中国同非洲共同实施一批互联互通重点项目。②

---

① 《关于构建更加紧密的中非命运共同体的北京宣言（全文）》，中国政府网，2018 年 9 月 5 日，http://www.gov.cn/xinwen/2018-09/05/content_5319301.htm.

② 刘豫锡：《中非共建"一带一路"风正一帆悬》，《中国投资》2021 年第 1 期。

非洲已成为"一带一路"国际合作不可或缺的重要组成部分。截至 2021 年 1 月 30 日，中国已经同 140 个国家和 31 个国际组织签署 205 份共建"一带一路"合作文件。其中非洲国家包括：苏丹、南非、塞内加尔、塞拉利昂、科特迪瓦、索马里、喀麦隆、南苏丹、塞舌尔、几内亚、加纳、赞比亚、莫桑比克、纳米比亚、加蓬、毛里塔尼亚、安哥拉、吉布提、埃塞俄比亚、尼日利亚、肯尼亚、乍得、刚果（布）、津巴布韦、阿尔及利亚、坦桑尼亚、布隆迪、佛得角、乌干达、冈比亚、多哥、卢旺达、摩洛哥、马达加斯加、突尼斯、利比亚、埃及、赤道几内亚、利比里亚、莱索托、科摩罗、贝宁、马里、尼日尔、刚果（金）、博茨瓦纳。目前 46 个非洲国家和非盟委员会已同中方签署"一带一路"合作文件，约占签署此类文件国家和国际组织总数的 1/3。

（二）设施联通与非洲大陆自贸区建设

设施联通到底对建设非洲大陆自贸区意味着什么？从肯·考哈的经历我们可窥得一二。肯·考哈是柯纳克斯国际概念公司的创始人和首席执行官。他非常清楚基础设施和非洲内部贸易的关系。柯纳克斯国际概念是一家鞋和服装的制造公司，位于尼日利亚东南部城市阿巴，其产品销往尼日利亚国内市场以及其他非洲国家，包括加纳、南非和中部非洲部分地区。肯·考哈同时也是尼日利亚贸易商协会的主席。他认为落后的基础设施是非洲内贸的一大阻碍。"我们没有将商品从一个国家运往另一个国家的铁路。商品的海运也是一个问题，因为根本没有海运航线"[1]。考哈在接受采访时强调，非洲需要能提供跨国货运的国内航线。考哈还是国际贸易法和全球化领域的专家，谈到西非经共体国家之间商品运输的困难，他解释称："我从德国汉堡进口皮革等原材料，然后运到尼日利亚拉各斯，一个40英尺的集装箱需要花费850欧元（折合986美元），但是同样的集装箱，从拉各斯把我们的产品运到加纳的特马港却要花1350欧元（折合1566美元）。""公路运输同样也面临挑战"，他补充道："我们没有好公路，不仅如此，一路上还有不少小麻烦。"包括在警察和海关检查站，常发生索贿。即使在一国之内，由于基础设施太差，以至于企业主有时不得不自行修建通到工厂门口的路，钻井取水，或购买发电机进行生产。"这些都削弱了我们的竞争力"。考哈说，玛格丽特·拉蒂是一位来自加纳阿克拉的番茄商贩，有通过公路跨国运货的亲身经历。她从布基纳法索、科特

---

[1]《基础设施是非洲内部贸易的关键》，非洲振兴网，2019年10月1日，http://www.un.org/africarenewal/zh/magazine/.

迪瓦以及加纳的不同地区采购番茄，再在阿克拉出售。一路上警方重重设卡，警察和海关人员还在边境敲诈勒索，这些都使她大为震惊。此外，由于燃料价格的波动，运输成本也在不断上升。"以前，把一卡车的番茄从布基纳法索运到加纳才738美元，而如今已经涨到843美元"。"公路网、电信设施和铁路的修建将有力地打开、拓宽市场并促进商业发展"，考哈显得颇为乐观，"如果我们能用经济便捷的方式把货物从加纳运到尼日利亚和西非其他地区，那将是一个超过3.5亿人的市场"①。

1. 设施联通是 AfCFTA 建设的关键

同欧洲、亚洲等地区相比，基础设施对非洲建设统一大市场的制约更大。有研究指出，关税并不是制约非洲内部贸易的关键，而是基础设施的互联互通。

（1）没有基础设施联通，就没有 AfCFTA

落后的基础设施给非洲内部贸易造成的制约使得无论贸易体制如何变革，都使贸易在物理上变得困难。② 研究指出，对非洲自由贸易收益的预测是基于正

---

① 《基础设施是非洲内部贸易的关键》，非洲振兴网，2019年10月1日，http://www.un.org/africarenewal/zh/magazine/.

② Ernest Toochi Aniche, "African Continental Free Trade Area and African Union Agenda 2063: the roads to Addis Ababa and Kigali", *Journal of Contempory African Studies*, 2020, p.11.

统的经济模型计算得出的，但线性的供求关系可能未完全涵盖外部性，例如国家的执行能力的可用性，必要的基础设施，政策一致性等。① 基础设施一直是世界各国和地区互联互通和生产力增长的基石。基础设施的互联互通能够帮助各国充分利用其资源禀赋，更好地融入全球供应链和产业价值链。尽管数字化转型正在缩小国家之间的经济差距，但即使在控制了收入水平，经济规模和互联网普及率之后，双边贸易仍与距离呈负相关。② 跨境基础设施连通性可以促进经济增长，并且是整合的催化剂。基础设施不足导致非洲每年的增长减少2%。③ 非洲各次区域共同体之所以发展缓慢，也是因为彼此交通不便。尽管西非国家经济共同体内部的各项共同市场协议已经签订几十年了，但落后的交通条件仍阻碍着市场准入。对于 AfCFTA 而言，基础设施和工业化是其成功的两大支柱。④

---

① Kingsley Ighobor, "AfCFTA: Africa Readying for Free Trade Come January 2021", African Renewal, November 30, 2020, https://www.un.org/africarenewal/magazine/november-december-2020/afcfta-africa-readying-free-trade-come-january-2021.

② Peter Egger, "On the Role of Distance for Bilateral Trade", The World Economy, April 3, 2008, Vol. 31, No. 5, pp. 653–662.

③ African Union, "Program Infrastructure Development for Africa (PIDA)", https://au.int/en/ie/pida.

④ PIDA, "Infrastructure and Industrialisation Remain Key Pillars of AfCFTA", January 21, 2021, https://www.au-pida.org/news/infrastructure-and-industrialisation-remain-key-pillars-of-afcfta/.

（2）推动建成大型的、具有竞争性的统一大市场是非盟及各区域组织实施基础设施建设项目的一贯目标

2012年1月，非盟国家元首和政府首脑会议通过了《非洲基础设施发展规划》（Programme for Infrastructure Development in Africa）。作为非洲大陆基础设施发展的总体框架，《非洲基础设施发展规划》整合了2012—2040年间非洲现有各类跨国跨区域基础设施发展规划，涵盖能源、交通、信息通信和跨境水资源四大领域，设定了建成高速公路3.72万公里、铁路3.02万公里、输电线路1.65万公里和13亿吨港口运输能力的目标，成为非洲国家和地区组织的基建指南。[①]《非洲基础设施发展规划》有望开启拉各斯—阿比让运输走廊，赞比亚—坦桑尼亚—肯尼亚输电线路，拉各斯—阿尔及尔高速公路和布拉柴维尔—金沙萨大桥等项目。上述跨境大项目的建设将有力支持《阿布贾条约》的执行，创建非洲经济共同体。

《非洲基础设施发展规划》有一个优先行动计划，其中包括将在短期内实施的项目和计划（2012—2020年）、中期实施的项目和计划（2020—2030年）以及长期基础设施建设要求（2030—2040年），优先行动计划由51个项目和子计划构成，其中能源类15个，

[①] 黄云卿、徐泽来：《非洲一体化与中非经贸合作新路径》，《中国国情国力》2018年6月。

运输类 24 个，水资源开发类 9 个，信息与通信技术类 3 个，进一步细分为 433 个子项目。就长期而言，《非洲基础设施发展规划》还包含泛非公路网的建设（the Trans-African Highway Network）。泛非公路网全长 57300 公里，是《非洲基础设施发展规划》不可或缺的一部分，它由 10 段高速公路组成，旨建立高质量的全天候非洲道路网络。以便实现：在非洲国家各省会城市之间建立直接的道路连接；促进非洲的政治，经济和社会融合与凝聚力；确保重要生产和消费地区之间的公路运输设施。泛非公路网高速公路的 10 个路段包括：第一段，埃及的开罗—塞内加尔的达喀尔；第二段，阿尔及利亚首都阿尔及尔—尼日利亚的拉各斯；第三段，利比亚首都黎波里—纳米比亚首都温得和克—南非开普敦；第四段，埃及开罗—博茨瓦纳首都哈博罗内—南非开普敦；第五段，塞内加尔的首都达喀尔—乍得首都恩贾梅纳；第六段，乍得首都恩贾梅纳—吉布提的首都吉布提市；第七段，塞内加尔达喀尔—尼日利亚拉各斯；第八段，尼日利亚拉各斯—肯尼亚蒙巴萨；第九段，莫桑比克贝拉—安哥拉洛比托；第十段，加蓬首都利伯维尔—吉布提首都吉布提市。

2011 年 1 月举行的非洲联盟（非盟）第十六届国家与政府首脑大会批准了"非洲发展新伙伴计划"下的总统基础设施倡议（Presidential Infrastructure Champion Initiative，PICI）倡导的 7 个区域基础设施项目。此后，又增加了埃及和肯尼亚支持的另外两个项目。

PICI 的核心目标是加速实施非洲优先区域基础设施项目的实施。PICI 项目包括：跨撒哈拉公路缺失的路段（阿尔及利亚）；① 从阿尔及利亚经尼日尔到尼日利亚的光纤②（阿尔及利亚）；塞内加尔的达喀尔—乍得恩贾梅纳—吉布提公路/铁路（塞内加尔）；尼日利亚—阿尔及利亚天然气管道（尼日利亚）；金沙萨—布拉柴维尔大桥（刚果共和国）；连接到邻国的 ICT 宽带和光纤（卢旺达）；非洲南北经济发展走廊公路/铁路（南非）；③ 维多

---

① 跨撒哈拉公路项目是非洲内部重要的交通走廊，全长 9022 公里，途经阿尔及利亚、尼日尔、马里、尼日利亚、乍得和突尼斯六个国家。该公路主线工程为阿尔及尔至拉各斯段，全长 4498 公里，另外包括三条支线工程，分别为突尼斯段（866 公里）、马里段（2461 公里）和乍得段（1197 公里）。目前，有 85% 的高速公路已铺好，但是缺少连接。项目涉及对这条跨国公路上缺失环节的建设和翻新。由于该项目的完成将使这条路线的过境变得更加容易，因此人员和货物将在该地区得到更快、更有效的运输。公路的升级还将促进区域一体化和贸易，并将为阿尔及利亚的阿尔及尔和尼日利亚的拉各斯之间的道路运输提供便利。

② 项目预计成本 8000 万美元，4500 公里的光纤将从阿尔及利亚（2500 公里）—尼日尔（950 公里）到尼日利亚（850 公里），沿着尼日利亚—阿尔及利亚天然气管道（跨撒哈拉天然气管道）铺设。互联网访问不仅将相关国家连接到非洲大陆其他地区，而且还将连接到全球贸易伙伴。更好的网络可用性将降低 ICT 服务的成本。此外，基于电缆的直接互联网连接将改善医疗保健和教育状况，增加就业机会，并有望减缓熟练劳动力的外流。

③ 该项目包括的国家：南非、博茨瓦纳、莫桑比克、赞比亚、津巴布韦、坦桑尼亚和马拉维。该项目被定义为一个多模式（公路、铁路和港口）跨大陆连接，最终连接南部的开普敦和北部的开罗。这个项目将涉及许多国家和地区。这些项目包括公路、铁路、桥梁、边防站和能源项目。在短期内，1041 公里的道路必须升级，另有 5156 公里的道路需要在未来 2—5 年内升级。该走廊将确保人员和货物方便过境，并将提高运输部门的效率和能力。这反过来将加速区域一体化，增加区域贸易，同时节省成本。目前，一些软硬基础设施问题和项目正在得到解决。迄今为止，在项目生命周期的不同阶段有各种项目，包括公路、铁路、桥梁、边防站和能源项目。

利亚湖和地中海之间的航行路线（埃及）；肯尼亚的拉姆港—苏丹南部—埃塞俄比亚南部运输走廊项目（肯尼亚）。

基础设施建设也是非盟《2063 年议程》的重要组成部分，《2063 年议程》规划了未来 50 年非洲的发展愿景。非洲领导人在《2063 年议程》中承诺加快行动，通过世界级的基础设施建设连接非洲大陆。在非洲大陆建设高速铁路网和单一的非洲航空运输市场是《2063 年议程》10 个旗舰项目之一。

AfCFTA 为非洲基础设施建设打开了一个宽敞的窗口。论体量，AfCFTA 超出了欧盟的一倍，国外资本除了依此进入非洲市场可有效降低成本之外，最终能够拥抱到的商业投资与资本腾挪空间相当可观，而更加重要的是，除了 2020 年受新冠肺炎疫情影响，过去 10 年非洲经济增速都超过了 3.5%，且在世界经济增速最快的 10 个国家中非洲占据了 6 席，与此相对应，非洲市场的年投资回报率高达 6.5%，高于其他任何一个地区。因此，在非盟看来，AfCFTA 一定会为外资参与非洲基础设施建设形成磁铁效应，而只要基础设施得到了改善，不仅非洲的营商环境会进一步优化，同时还能创造就业与惠及民生，从而造就经济可持续发展的动能。[①]

---

① 张锐：《自贸区是非洲经济一体化的里程碑》，《国际金融报》2021 年 1 月 11 日第 3 版。

（3）基础设施短板对 AfCFTA 的制约将长期存在

首先，资金严重不足。目前，非洲在基础设施建设方面变得更加积极有为，正在努力撬动私人市场，但也只是杯水车薪。当下把国内税收、从资本市场转移过来的资金、从国际金融机构借来的资金都用于基础设施建设，也只有5000万美元，但是目前的缺口是500亿美元。[①] 非洲基础设施建设财团发布的《2018年非洲基础设施融资趋势报告》指出，2018年非洲基础设施融资同比增长24%，首次超过1000亿美元，达到1008亿美元。报告显示，非洲基础设施建设领域主要行业的融资承诺都有所增加，其中能源行业增加显著，吸引了总额438亿美元的融资承诺，创下历史新高。信息通信技术部门在2018年也获得了创纪录的71亿美元承诺，其中大部分来自私营部门。报告特别指出，2018年中国融资承诺较此前三年间平均水平提升65%，是2017年非洲基建融资大幅增加的重要原因。与此同时，该报告也指出，非洲基建领域仍然存在严重的资金缺口。报告说，每年非洲基建所需资金大约为1300亿美元到1700亿美元，尽管2018年获得承诺的资金大幅增加，但资金缺口仍然不容小觑。报告进一步指出，在所有行业中，水和卫生设施的融资缺口

[①]《对话非行行长：非洲需要"非投行"》，《第一财经》2015年7月22日，https://www.yicai.com/news/4648776.html.

最大。非洲各国在该领域每年融资需求高达560亿美元至660亿美元，但2016—2018年间融资承诺年均仅130亿美元。① 尤其是考虑到疫情加剧非洲从国际社会融资用于基础设施建设的困难。一方面，当代的西方官方发展援助主要通过技术援助来提升受援国某方面的能力水平，一般不再使用援助资金投入基础设施建设。② 随着时间的推移，大多数捐助国已减少了对基础设施贷款的关注，并转向为人力资本发展筹集资金。例如，2017年，美国对外援助预算中有7.06亿美元分配给基础设施。占预算中划拨给经济、社会服务和治理援助的187亿美元的3.8%；③ 另一方面，基础设施建设是比较艰苦的行业，欧美发达国家主要对非洲的矿产资源开发等获利高的行业感兴趣，忽视对非洲国家关系重大的基础设施建设行业。④ 利比里亚前工程部部长裘德·穆尔（W. Gyude Moore）认为，新冠肺炎疫情背景下，非洲获得融资将非常困难。基础设施滞

---

① 《非洲基础设施建设财团发布报告：2018年非洲基础设施融资达1008亿美元》，新浪财经，https://finance.sina.com.cn/roll/2019-11-20/doc-iihnzahi2096797.shtml.
② 程诚：《"一带一路"中非发展合作新模式："造血金融"如何改变非洲》，中国人民大学出版社2018年版，第100—101页。
③ M. L. Lawson and E. M. Morgenstern, "Foreign Aid: An Introduction to U. S. Programs and Policy", Washington, D. C.: Congressional Research Service, R40213, April 16, 2019.
④ 张忠祥：《中国在非洲一体化进程中的作用》，《上海师范大学学报》2012年第5期。

后是制约非洲发展的原因之一,中方一直在力所能及范围内,通过多种方式同非洲国家开展合作,帮助非洲国家提升基础设施水平,为非洲实现自主可持续发展作出贡献。①

其次,《非洲基础设施发展规划》下的项目建设涉及面广、统筹协调难度大。既涉及非盟委员会和"非洲发展新伙伴计划"规划与协调署在整个非洲大陆框架内的协调,也包括在区域经济共同体一级的协调,还包括国家内部各地区之间的协调,这需要强有力的领导力、执行力。而领导力缺失正是非洲以往基础设施建设项目屡屡失败的原因之一②,而这一点至今尚未从根本上改善。2019 年对《非洲基础设施发展规划》第一阶段进行的中期审查显示,143 个项目中只有35%的项目正在建设中或已经投入运营。③

最后,新冠肺炎疫情使非洲各国经济普遍陷入不同程度的危机,基础设施建设背后的债务风险在上升。

---

① Shashank Bengall, Neha Wadekar, "Coronavirus Threatens China's Belt and Road. What Happens When it Wants Half a Trillion Dollars Back?" May 20, 2020, https://www.latimes.com/world-nation/story/2020-05-20/coronavirus-strikes-chinas-belt-and-road-initiative.

② African Union, "Program Infrastructure Development for Africa (PIDA)", https://au.int/en/ie/pida.

③ Robert Tama Lisinge, *The Belt and Road Initiative and Africa's Regional Infrastructure Development: Implications and Lessons*, Transnational Corporations Review, July 27, 2020, p. 4.

新冠肺炎疫情导致非洲出现较大规模的政治、社会、经济和安全危机，加剧了非洲的治理困境。2020年，非洲的GDP萎缩了2.1%，这是非洲大陆半个世纪以来的首次衰退。2020年，大约3000万非洲人因新冠肺炎疫情而陷入极端贫困，到2021年年底，大约3900万非洲人陷入极端贫困。2021年，将新增加极端贫困人口提高到每天1.9美元贫困线的货币成本估计为45亿美元，平均每个国家约为9070万美元。2020年，外部资金流动中断（包括汇款、外国直接投资、证券投资和官方发展援助）导致非洲货币贬值严重，财政入不敷出，非洲财政赤字翻了一番，达到GDP的8.4%这一历史最高水平，非洲国家债务负担增加，债务占GDP的比重将从60%上升到70%，预计2021年及以后财政赤字问题依然严峻。自从2020年年初新冠肺炎疫情暴发以来，非洲各国政府已经宣布了一揽子财政刺激计划，该计划约占南非国内生产总值的10.4%。

世界银行估计，非洲各国政府在2020/2021年度需要额外的总资金约1540亿美元来应对危机。这些财政刺激方案在很大程度上对预算平衡、借贷需求和债务水平产生了直接影响。由于新冠肺炎疫情导致的政府支出激增和财政收入收缩，将在近期和中期内导致快速的债务积累。虽然债务与GDP的平均比率（衡量债务可持续性的标准指标）在2017—2019年间稳定在

60%左右，但由于新冠肺炎疫情，预计到 2021 年将增加 10—15 个百分点。预计在非洲总体平均债务水平中增加最多的国家是依赖旅游业的经济体和其他资源密集型（非石油）经济体。截至 2020 年 12 月，在可进行债务可持续性分析的 38 个非洲国家中，14 个国家被评为债务困扰高风险国家，另有 6 个国家已经陷入债务困扰。16 个国家有中度债务困扰风险，两个国家被认为风险较低。然而，随着支出的增加和收入的下降，新冠肺炎正在侵蚀非洲国家债务安全边界。此外，许多国家的主权信用评级可能在近期至中期内下调。其他新出现的脆弱性风险包括：由于债务可持续性评级恶化而丧失进入国际资本市场的机会；利息支出占收入的份额迅速增长；债务到期日缩短带来的展期风险；实际（经通货膨胀调整的）利率与增长之间的差距缩小；或有负债扩大；债务抵押的透明度有限。[①]

非洲的经济困境导致基础设施项目投资可持续性成疑。美国华盛顿智库机构战略与国际研究中心高级研究员乔纳森·希尔曼（Jonathan Hillman）认为，当全球经济变得不那么宽容时，对"一带一路"的最终考验总是会到来的，而我们现在正处于这种环境中，2020 年下半年及以后，中国可能会花费更多时间重新

[①] African Development Bank, *African Economic Outlook 2021*, March 2021.

谈判交易，而不是谈判新交易。独立网中非项目的执行编辑埃里克·奥兰德（Eric Olander）表示，非洲国家尤其有违约的风险。埃塞俄比亚、南非和肯尼亚的主权信用评级都被下调，这使得这些国家的政府更难通过借入更多的钱来渡过衰退。① 塞拉利昂于去年决定取消3亿美元的马马赫国际机场（Mamamah International Airport）工程，债务和可行性是其中的两个原因。该工程通过从中国贷款筹集资金，并由中国企业负责建造。塞拉利昂政府表示"经济上不值得进行这项工程"。世界银行（World Bank）也对该工程的代价和商业可行性表示疑虑。

2. "一带一路"设施联通助力非洲大陆自贸区建设

"一带一路"的"五通"与非洲大陆自贸区追求的目标高度一致，两者可实现完美对接。中国外汇储备丰富，具有大型基础设施设计、施工、运营的资金、技术、人才优势，在全球工程承包领域具有相对优势。因此，非洲各国普遍希望同中国加大基础设施领域的投资合作。

（1）通过基础设施合作，助推非洲一体化

长期以来，中国政府通过向非洲国家提供贷款或

---

① Shashank Bengall, Neha Wadekar, "Coronavirus Threatens China's Belt and Road. What Happens When it Wants Half a Trillion Dollars Back?" May 20, 2020, https://www.latimes.com/world-nation/story/2020-05-20/coronavirus-strikes-chinas-belt-and-road-initiative.

无偿援助，重点帮助非洲国家建设道路、桥梁、医院、学校等基础设施，为非洲国家经济和社会发展做出了积极贡献。中国倾力援建的坦赞铁路是中非友谊的一座丰碑，也是中非在基础设施建设领域合作的典范。

2000年中非合作论坛成立以来，中非在基础设施等领域的合作迈上新台阶。首届中非合作论坛通过的《中非经济和社会发展合作纲领》指出，"中方将继续鼓励有实力的中国企业参与非洲国家的经济、基础设施建设和开发方面的项目"。[1] 2004年和2006年中非合作论坛第二届和第三届部长级会议，中非双方均同意将基础设施作为合作的重点领域。2009年中非合作论坛第四届部长级会议通过《沙姆沙伊赫行动计划》，首次提出将基础设施"作为中非合作的优先领域"。2012年中非合作论坛第五届部长级会议，中国宣布为非洲提供200亿美元的贷款额度，并同非洲建立跨国跨区域基础设施建设合作伙伴关系。具体举措包括：支持非洲一体化建设，帮助非洲提高整体发展能力；与非方建立非洲跨国跨区域基础设施建设合作伙伴关系，为项目规划和可行性研究提供支持，鼓励有实力的中国企业和金融机构参与非洲跨国跨区域基础设施

---

[1] 《中非经济和社会发展合作纲领》，中华人民共和国中央人民政府，2006年10月31日，http://www.gov.cn/ztzl/zflt/content_428691.htm.

建设；帮助非洲国家改善海关、商检设施条件，促进区域内贸易便利化。

2015年，中非合作论坛约翰内斯堡峰会暨第六届部长级会议提出"十大合作计划"，其中，中非基础设施合作计划是重要组成部分。计划指出，中方将同非洲在基础设施规划、设计、建设、运营、维护等方面加强互利合作，支持中国企业积极参与非洲铁路、公路、区域航空、港口、电力、电信等基础设施建设，提升非洲可持续发展能力；支持非洲国家建设5所交通大学。

2018年中非合作论坛北京峰会提出"八大行动"，设施联通是重要组成部分。中国决定和非洲联盟启动编制《中非基础设施合作规划》；支持中国企业以投建营一体化等模式参与非洲基础设施建设，重点加强能源、交通、信息通信、跨境水资源等合作，同非方一道实施一批互联互通重点项目；支持非洲单一航空运输市场建设，开通更多中非直航航班；为非洲国家及其金融机构来华发行债券提供便利，在遵循多边规则和程序的前提下，支持非洲国家更好利用亚洲基础设施投资银行、新开发银行、丝路基金等资源。

除了中非合作论坛框架，中国对非政策文件也明确指出中非基础设施合作的重要性。2006年的《中国对非洲政策文件》指出，加强中非在交通、通信、水利、电力等基础设施建设领域的合作。中国政府积极支持中国企业参与非洲国家的基础设施建设，进一步扩大对非承包工程业务规模，逐步建立对非承包工程的多、双边合作机制。加强技术和管理方面的合作，注重帮助非洲国家提高自主发展能力。[①] 2015年12月发布的《中国对非洲政策文件》指出，积极推进跨国跨区域基础设施互联互通，促进非洲一体化进程。[②]

中国领导人也在多个场合表示愿同非洲加强在基础设施领域的合作。2013年，在出席金砖国家领导人同非洲国家领导人对话会时，习近平主席表示，中国和非洲一直相互支持、相互帮助。中国将在南南合作框架内向非洲基础设施领域倾斜，支持非洲一体化建设。习近平主席代表中国政府宣布，中方愿同非洲国家建立跨国跨区域基础设施建设合作伙伴关系，帮助非洲开展互联互通及资源普查的咨询、规划、可行性研究和方案设计等前期工作，每年为非洲培训培养300名基础设施领域各类管理和技术人员。中方将通过投融资、援助、合作等多种方式，鼓励中国企业和

---

① 《中国对非洲政策文件》，中华人民共和国中央人民政府，2006年1月，http://www.gov.cn/gongbao/content/2006/content_212161.htm.

② 《中国对非洲政策文件》，新华网，2015年12月5日，http://www.xinhuanet.com//world/2015-12/05/c_1117363276.htm.

金融机构参与非洲跨国跨区域基础设施建设和运营管理。①

（2）中非基础设施合作有力推动了非洲的一体化

中非在基础设施领域合作硕果累累。中国迄今已在非洲修建了超过 6000 公里的铁路、6000 公里的公路、20 个港口、80 多个大型电力设施，援建了 130 多个医疗设施、45 个体育馆和 170 多所学校，向非洲 48 个国家派遣医疗队队员 2.1 万人次，诊治非洲患者约 2.2 亿人次。中非合作成果在非洲大陆遍地开花，看得见、摸得着、接地气，符合非洲需要，改善非洲民生，是国际对非合作当之无愧的领头羊。② 中非基础设施合作有力推动了非洲经济的一体化，为非洲大陆自贸区启动奠定坚实基础。乌干达总统穆塞韦尼（Yoweri Kaguta Museveni）表示，乌干达正从"一带一路"建设中受益，相关项目将乌干达这个非洲内陆腹地国家与外部世界连接了起来。以中国公司承建的坎帕拉至恩德培高速公路为例，它将乌干达首都与恩德培国

---

① 《习近平出席金砖国家领导人同非洲国家领导人对话会》，中国政府网，2013 年 3 月 28 日，http：//www.gov.cn/ldhd/2013-03/28/content_ 2364185. htm.

② 《携手铸就更加紧密的中非命运共同体——王毅国务委员兼外长在结束访问非洲五国之际接受媒体采访》，中华人民共和国外交部，2021 年 1 月 10 日，https：//www.mfa.gov.cn/web/ziliao_ 674904/zt_ 674979/dnzt_ 674981/qtzt/kjgzbdfyyq_ 699171/202101/t20210110_ 9279006. shtml.

际机场连接起来,成为乌干达通往世界的纽带。① 穆塞韦尼提到的中企承建的乌干达首都坎帕拉至恩德培国际机场高速公路全长 49.56 公里,项目于 2012 年开工,被视为乌干达的"国宾大道"。

联合国经济和社会理事会下属的亚洲及太平洋经济社会委员会在《亚洲及太平洋加强区域经济合作和一体化》的报告中指出,本区域经济合作和一体化的一个特别重要的新的驱动力是由中国政府提出的"一带一路"倡议。"一带一路"倡议与区域经济合作和一体化之间存在巨大的潜在协同增效,而且应当讨论如何将这两项倡议加以落实,从而使二者之间以最有效的方式实现互补。② 2011 年 5 月非洲开发银行发布报告《中国的基础设施投资与非洲一体化》指出,中国在基础设施方面的投资正在缓解供应方面进一步一体化的主要瓶颈。③

多方研究表明中非基础设施合作有力推动了非洲经济一体化。中国学者程诚指出,中国对于非洲基础设施的改善作用在国际上颇受好评,已经成为中非发

---

① 《乌干达总统:"一带一路"对加快推进非洲经济发展至关重要》,国务院新闻办公室,2018 年 9 月 2 日,http://www.scio.gov.cn/m/37259/Document/1636686/1636686.htm.

② 转引自程诚《"一带一路"中非发展合作新模式:"造血金融"如何改变非洲》,中国人民大学出版社 2018 年版,第 115 页。

③ African Development Bank,"Chinese Infrastructure Investments and African Integration",No. 127,May 2011,p. 6.

展合作的重要特点之一。① 在"一带一路"倡议的背景下，中国在非洲基础设施方面的投资范围很大。非洲的区域基础设施计划实际上可以作为"一带一路"倡议的基础。在这方面，现有的区域计划可以提供一系列项目，通过"一带一路"倡议实施。这些项目已经经过严格的甄选程序，并得到了非洲国家领导人的认可。② 中国参与各种区域一体化项目具有重要意义，特别是在其资源开发和为其在非洲的建筑公司寻找新市场方面，这些建筑公司参与了大多数旨在将非洲内陆国家与沿海地区联系起来的项目。③

（3）"一带一路"倡议助推非洲经济一体化的案例研究

案例 1：蒙内铁路与东非经济一体化

蒙内铁路是"一带一路"倡议精准对接肯尼亚"2030 年愿景"和非洲联盟《2063 年议程》的旗舰型工程。铁路东起东非第一大港口城市蒙巴萨，西至肯尼亚首都内罗毕，全长 480 多公里，总投资 38 亿美

---

① 程诚：《"一带一路"中非发展合作新模式："造血金融"如何改变非洲》，中国人民大学出版社 2018 年版，第 102 页。

② Robert Tama Lisinge, "The Belt and Road Initiative and Africa's Regional Infrastructure Development: Implications and Lessons", *Transnational Corporations Review*, July 27, 2020, p. 4.

③ Olayiwola Abegunrin, Charity Manyeruke, *China's Power in Africa: A New Global Order*, Switzerland: Springer Nature Switzerland AG, p. 162.

元，采取货主客辅的设计为中国铁路 I 级干线标准现代化标准轨铁路（轨距 1.435 米）。

修建蒙内铁路之前，肯尼亚仅有的一条铁路是 1901 年修建的米轨铁路。这条铁路技术落后、事故频发，肯尼亚人民期待着拥有新铁路。19 世纪末，英国修建了从蒙巴萨经内罗毕通往大湖地区的窄轨铁路（轨距 1.067 米）——乌干达铁路。这条铁路是为全面加强对东非的殖民统治、攫取更多的资源与财富而修建的，2400 多名当地工人在施工过程中失去了生命，平均每公里死亡 1 人，可以说是一条名副其实的血泪之路。肯尼亚独立后，受制于前殖民宗主国的技术封锁和自身的有限财力，窄轨铁路每况愈下，近年来更是疲态尽显，运力甚至不及与之平行的国道公路，无法适应肯尼亚经济社会的快速发展，更遑论东非一体化的深入推进。有鉴于此，肯尼亚在制定"2030 年愿景"时，确定将修建一条现代化标准轨铁路作为破解交通运输瓶颈的切入点和突破点。

中肯相向而行，实现了无缝对接。2009 年 8 月，肯尼亚政府与中国路桥工程有限责任公司签署了蒙内铁路项目谅解及合作备忘录，项目取得初步成果。2011 年 1 月，中国路桥完成了项目可研报告。2012 年 7 月，EPC（设计采购施工总承包）合同签署，这意味着中国铁路标准将第一次走进肯尼亚。2014 年 12 月

12日，项目正式开工。2017年5月，铁路通车试运行，由肯尼亚与中国合作建设与运营，是迄今为止中非合作的最大规模的工程，代表着当前中非合作的最高水平。[①] 从签署合作备忘录到提出可研报告，再到最后项目开工、试运营，中国和肯尼亚克服了一切困难和猜忌，从而使项目顺利完成，成为中非共建"一带一路"的标志性工程。铁路的修建对肯尼亚实现"2030愿景"、非盟《2063年议程》等具有重大价值。

蒙内铁路经济社会价值巨大。据统计，在建设与运营蒙内铁路的全过程中，本土铁路员工比例一直维持在75%的高位，项目总共为当地民众提供高达4.6万个就业岗位，且这一数字目前还在持续增长。蒙内铁路项目也成为肯尼亚自独立以来，吸纳就业人数最多的工程。而且，伴随着铁路的建设和运营，项目为肯尼亚培养了大批技术和专业人才。铁路的开通极大地提升了肯尼亚的整体运输潜能，使蒙巴萨和内罗毕间的客货运输时间平均被压缩50%，运输成本被压缩40%，为各类生产要素的自由流动提供了便捷、高效、安全的运输大动脉。蒙内铁路的顺利建成通车，不仅标志着肯尼亚迈出东非铁路互联互通建设的第一步，而且也预示着东非北部国际铁路通道建设已经迈出实

[①] 李新烽、邓延庭：《蒙内铁路："一带一路"在非洲行稳致远》，《陕西师范大学学报》（哲学社会科学版）2019年第5期。

质性步伐。①

蒙内铁路及其后续建设工程对东非一体化作用巨大。蒙内铁路及其后续工程将大幅提升东非地区的贸易投资自由化、便利化水平，推动东非地区的经济社会发展从沿海向内陆延伸、从沿湖向四周扩散，形成陆海内外联动、东西双向互济的发展新格局。根据肯尼亚政府的铁路规划蓝图，肯尼亚将全面启动首都内罗毕至西北内陆城市马拉巴（Malab）的铁路建设。随着内马铁路的建设与运营，一个以蒙巴萨港为龙头，连通东非各国首都和重要城市的现代化铁路网正在成为现实，非洲一体化的步伐将真正插上翅膀。② 2022年伊始，国务委员兼外交部部长王毅代表中国政府提出"非洲之角和平发展构想"。王毅指出，非洲之角战略位置独特，发展潜力巨大。但近年来，热点问题激化升温，时而爆发冲突对抗，这种现象完全不符合非洲之角各国人民的利益，再也不能继续下去了。为支持非洲之角实现长治久安与和平繁荣，中方提出"非洲之角和平发展构想"，支持地区国家应对安全、发展、治理三重挑战。中国支持做大做强蒙内铁路和亚吉铁路两条主轴，适时向周边国家拓展延伸，同时

---

① 李新烽、邓延庭：《蒙内铁路："一带一路"在非洲行稳致远》，《陕西师范大学学报》（哲学社会科学版）2019年第5期。

② 李新烽、邓延庭：《蒙内铁路："一带一路"在非洲行稳致远》，《陕西师范大学学报》（哲学社会科学版）2019年第5期。

加快红海沿岸和东非沿岸开发，形成"两轴+两岸"的发展框架，加速构建产业带经济带，创造更多就业和增长，提高自主发展能力，赶上时代前进步伐。可以说，今天的蒙内铁路已经成为非洲实现和平发展的重要依托，成为中非深化互利合作的重要抓手。

案例2：本格拉铁路

当地时间2019年10月3日上午10时30分，安哥拉交通部、本格拉铁路公司、承建方中铁二十局集团有限公司共同签署了项目最终验收证书，全长1344公里的安哥拉本格拉铁路正式移交给安哥拉政府，标志着由中国牵头发起的"一带一路"倡议落地非洲及中非合作取得又一重大成果。

本格拉铁路属东西走向，自西向东贯穿安哥拉全境，铁路西起大西洋港口城市洛比托，向东途经本格拉、万博、奎托、卢埃纳等重要城市，直抵与刚果民主共和国接壤的边境城市卢奥，铁路全长相当于北京到上海的距离，贯穿安哥拉东西部，连通坦赞，本格拉铁路被誉为非洲腾飞的"金腰带"。未来规划中，本格拉铁路可能要与刚果（金）、赞比亚、纳米比亚等国实现铁路接轨，同时在安哥拉国家铁路规划中，本格拉铁路还将与现有的罗安达铁路和莫桑梅德斯铁路实现接轨，形成安哥拉国家铁路网。本格拉铁路的建成通车对安哥拉意义重大，它不但是安哥拉境内的重要交通大动脉，对加快境内人流、物流的连通起到关键作用，同时也是通往刚果（金）和赞比亚等南部非洲内陆国家的新通道，它对加快安哥拉经济发展、增加经济收入起到至关重要的作用。[1] 对非洲大陆而言，本格拉铁路意味着以一条新的铁路实现了与南部非洲发展共同体（南共体）铁路网的连接，安哥拉也将通过铁路加强与南共体成员国的合作，加快经济发展。对铁路沿线4国来说，实现旅游业和客货运互联互通成为可能，内陆国家多了一条全新的便捷高效的出海通道。

铁路经济社会效应巨大。本格拉铁路自修通以来，对安哥拉当地的经济发展和交通带来了巨大的变化。2018年3月，第一批装载矿石的货运列车离开刚果民主共和国前往洛比托港，重新启动了中断30多年的安哥拉国际铁路贸易，并大大降低了铁路沿线国家的资源出口成本，例如刚果民主共和国和赞比亚。[2] 在铁路建设的10年中，为当地人创造了25000多个工作岗

---

[1] 马莹、焦英博：《连接南共体铁路网——专访中铁二十局集团安哥拉国际有限责任公司董事长、党委书记朱启辉》，《中国投资》2019年第9期。

[2] 张梅、Zhang Yibo：《本格拉铁路运输前景可期——专访本格拉铁路公司董事会主席路易斯·洛佩兹·特涉伊拉（Luís Lopes Teixeira）》，《中国投资》2019年第18期。

位，并且有 5000 多名当地人接受了技术培训。安哥拉铁路研究所所长奥托尼尔·曼努埃尔（Ottoniel Manuel）说，本格拉铁路为沿线的居民带来了实实在在的利益，体现了中国人民与安哥拉人民之间的友谊。①

本格拉铁路为南部非洲发展共同体互联互通开了好头。《南共体 2050 愿景》指出，到 2050 年，南共体将拥有高效、有效、技术驱动的跨境基础设施服务和网络，以支持和促进更深层次的区域一体化。因此，承诺优质、互连、集成和无缝的基础设施和网络；提高概念化、设计、建造、维修和运作区域基础设施和服务的能力；增加获得负担得起的基础设施和服务的机会。② 安哥拉的本格拉铁路是非洲横贯铁路的一部分，途经四个国家，连接印度洋和大西洋，被视为连接两个主要海洋的重要动脉。它通过促进贸易和促进非洲大陆的经济和文化关系，极大地改善了非洲的铁路网络并加强了区域连通性。③

---

① 张梅、Zhang Yibo：《本格拉铁路运输前景可期——专访本格拉铁路公司董事会主席路易斯·洛佩兹·特涉伊拉（Luís Lopes Teixeira）》，《中国投资》2019 年第 18 期。

② Souther African Development Community, "Southern African Development Community（SADC）Vision 2050", 2020, https：//www.sadc.int/files/9316/1470/6253/SADC_ Vision_ 2050.pdf.

③ "How one Chinese-built Railway is Igniting Economic Growth in Africa", Xinhua Headlines, October 10, 2020, https：//www.msn.com/en-xl/news/other/xinhua-headlines-how-one-chinese-built-railway-is-igniting-economic-growth-in-africa/ar-BB19ToYR.

案例3：尼日利亚阿卡铁路

尼日利亚铁路现代化项目是中国土木工程集团有限公司与尼日利亚联邦政府交通部在2006年10月30日签署的，项目南起尼日利亚的经济中心拉各斯，途经首都阿布贾，北至北方重镇卡诺，线路全长1315公里。作为该项目的第一标段，阿卡铁路全长186.5公里，沿线设9座车站，设计时速为150公里，2016年7月正式竣工。

尼日利亚是非洲第一大经济体和人口大国，国家发展急需现代化铁路网。但之前，尼日利亚的铁路还是20世纪英国人修建的窄轨铁路，大部分早已废弃。作为尼日利亚第一条现代化铁路——非洲第一条全部采用中国技术、中国标准的阿卡铁路项目于2011年2月正式开工，2014年11月完工，设计时速150公里。2016年7月26日，尼日利亚现代化铁路项目第一标段——首都阿布贾到北部城市卡杜纳的铁路（以下简称阿卡铁路）正式通车运营，这是非洲第一条全部采用中国技术、中国标准的铁路。尼日利亚总统穆罕默杜·布哈里（Muhammadu Buhari）、参众两院议长、联邦首都区部长、交通部部长、环境部部长、外交国务部部长等政府要员和尼日利亚大铁路公司负责人、当地传统领袖，以及中国驻尼日利亚大使馆和中土尼日利亚有限公司代表等近千人出席仪式。通车后，坐火车从阿布贾到卡杜纳由原来的 3 小时缩短为 1 小时左右，极大地改善了阿布贾、尼日尔州和卡杜纳州三地间公路交通拥堵的状况。尼日利亚总统布哈里在当天的通车仪式上这样阐述阿卡铁路开通运营的意义："阿布贾—卡杜纳标准铁路的建设起步于 2009 年，而我们现在即将为尼日利亚人民开通一条安全、快捷并且舒适的现代化标准铁路。阿卡铁路将会为联邦首都区和卡杜纳州之间提供一条必不可少的交通链接，形成一条充满工业、农业和劳动力潜力的经济走廊。"①

（三）贸易畅通与非洲大陆自贸区建设

贸易畅通是"一带一路"建设的重点内容，旨在激发释放共建"一带一路"合作国家的发展潜力，做大做好合作"蛋糕"。同时，贸易畅通也是非洲大陆自贸区建设的重要内容。"一带一路"促进贸易畅通的举措既有利于非洲内部打破贸易壁垒，实现内部贸易快速增长，也有助于中非之间的贸易实现快速增长。

《全球贸易促进报告》（*The Global Enabling Trade Report*）是由世界经济论坛和全球贸易便利化联盟联合

---

① 《尼日利亚阿卡铁路正式通车运营》，新华网，2016 年 7 月 27 日，http://www.xinhuanet.com/world/2016-07/27/c_129182307.htm.

发布的有关全球及各国贸易便利化水平的评估报告，主要评价指标为有利贸易指数（Enabling Trade Index，ETI）基于政策、基础设施、便利化服务、货物跨境自由流动等方面，每两年评估一次，主要包括四大类指标：市场准入、边境管控的效率和透明度、基础设施质量及可使用性、营商环境。根据近年来该报告评估，非洲贸易便利化的特点是：总体水平较落后、区域发展不均衡、大部分指标有所改进、边境管控较脆弱、营商环境有所改进、市场准入门槛较高、基础设施质量和服务较差。非洲贸易便利化还有着广阔的发展空间。

1. 促进贸易便利化

促进非洲内部及中非间贸易便利化始终是中非合作论坛的核心议题之一。2015年，习近平主席在中非合作论坛约翰内斯堡峰会暨第六届部长级会议上指出，中非将实施中非贸易和投资便利化合作计划，中方将实施50个促进贸易援助项目，支持非洲改善内外贸易和投资软硬条件，愿同非洲国家和区域组织商谈包括货物贸易、服务贸易、投资合作等全面自由贸易协定，扩大非洲输华产品规模。支持非洲国家提高海关、质检、税务等执法能力，开展标准化和认证认可、电子商务等领域合作。① 习近平主席在2018年中非合作论坛北京峰会上指出，中国将实施"贸易便利行动"。中国决定扩大进口非洲商品特别是非资源类产品，支持非洲国家参加中国国际进口博览会，免除非洲最不发达国家参展费用；继续加强市场监管及海关方面交流合作，为非洲实施50个贸易畅通项目；定期举办中非品牌面对面活动；支持非洲大陆自由贸易区建设，继续同非洲有意愿的国家和地区开展自贸谈判；推动中非电子商务合作，建立电子商务合作机制。② 2021年的中非合作论坛第八届部长级会议上，习近平主席宣布实施"贸易促进工程"。在此工程框架下，中方将实施80个重点援助项目；为非洲农产品输华建立"绿色通道"，扩大非洲最不发达国家输华零关税待遇产品范围，力争未来3年从非洲进口总额达到3000亿美元；设立"中非民间投资促进平台"，未来3年推动中国企业对非洲投资总额不少于100亿美元；向非洲提供金融授信额度和贸易融资额度，将国际货币基金组织增发给中国的一部分特别提款权转借给非洲国家；支

---

① 《中非合作论坛—约翰内斯堡行动计划（2016—2018年）》，中非合作论坛官网，2015年12月25日，http://www.focac.org/zywx/zywj/201512/t20151224_8044410.htm.

② 《中非合作论坛—北京行动计划（2019—2021年）》，中非合作论坛官网，2018年9月5日，http://www.focac.org/zywx/zywj/201809/t20180905_7875851.htm.

持非洲大陆自贸区建设；支持"非洲绿色长城"建设等。①《中非合作论坛—达喀尔行动计划（2022—2024年）》进一步指出，中非将共同研究建立电商等合作机制的可能性，积极推动贸易便利化，共同推进跨境贸易无纸化，推动非洲农产品通过电商渠道快速、便捷地进入中国，促进贸易畅通。

目前，中国与非洲国家之间尚未建立贸易投资便利化的合作框架，但在海关、质检、投资保护、金融、人员往来等领域已有初步合作。②

以质检合作为例，针对中国出口非洲国家商品质量不佳的突出问题，中国已与塞拉利昂、埃塞俄比亚等国签署了质检合作协议，推动对非出口产品的原装签检验。在质检信息沟通和互换方面，中国与南非等加强植物卫生检疫（Sanitary and Phytosanitary Measureas, SPS）合作机制及互供食品农产品检验检疫准入等问题开展交流。2015年4月，国家市场监督管理总局与阿尔及利亚国家标准局共同签署合作备忘录。双方同意在标准化、质量监督和合格评定等领域深化合作，通过开展标准协调、标准转化、信息共享、技

---

① 《中非合作论坛—达喀尔行动计划（2022—2024年）》，中非合作论坛官网，2021年12月2日，http://www.focac.org/zywx/zywj/202112/t20211202_10461216.htm.

② 武芳：《中非贸易投资便利化——环境、政策与应对措施》，中国商务出版社2018年版，第123—124页。

术培训、合格评定和质量标志互认等合作为服务两国经贸关系发展做出新贡献。2021年5月，中国和坦桑尼亚在北京签订了坦木薯输华质检协议，种植木薯的农户将因此受益。《中非合作论坛—达喀尔行动计划（2022—2024年）》指出，中方将积极为非洲国家提供动植物检疫、进出口食品安全和国境卫生检疫等方面的能力建设支持，深化动植物检疫和食品安全合作，助力大豆、牛肉、坚果、咖啡、可可、红酒等中非农食产品贸易加速发展。

中国应加大支持非洲国家的力度，对货物市场进行采购物资的法律检查、CIQ 监装，进而提供配套货物物流服务、货物信息保护服务等，实施示范区的货物贸易优惠政策。通过打造中非企业一站式服务平台，为非洲国家货物企业，提供相应优惠的货物储藏场地、配合代办商业检查。并为顾客推荐最佳的货物运输方式、选择合适的承运人，指引签约货物运输合同、制作准备相关单证、组合货物拼装和代理清关等。同时，中国可通过多梯次、多元化与跨区域的货物资源整合机制，完成互联互通的进出口社会资源共享，打造一站式中非货物贸易服务平台。除此之外，中国还可借助货物商品独有的中心式货物服务平台发展模式，构建中国与非洲"一站式货物贸易服务中心"机构，进而缩短中国与非洲双边货物贸易合作周期。①

　　海关合作是中非推动贸易便利化的又一重要领域。2021年5月，中国海关与乌干达海关成功签署《中乌海关关于"经认证的经营者"（AEO）互认的安排》。这是中国海关在非洲地区签署的首个AEO互认安排。②按照国际通行规则，海关对守法程度、信用状况和安全水平较高的企业进行认证，通过认证的企业，可给予本国以及互认国家的多项海关便利措施。《中非合作论坛—达喀尔行动计划（2022—2024年）》指出，中方将支持非洲国家海关提高管理和现代化水平，扩大与非洲国家海关的通关便利、执法和能力建设合作，打击假冒侵权、非法走私文化遗产和野生动物制品、商业瞒骗等违法犯罪行为，促进中非贸易健康顺利发展。

　　中国应推动完善与埃及、埃塞俄比亚、南非等重点国家的海关合作。建立双边海关高级别会谈机制，在执法互助和技术合作的基础上拓展合作范围，尽快签署包含贸易安全与便利、数据交换、海关知识产权

---

　　① 胡兰：《中国与非洲货物贸易合作现状障碍及提升途径》，《对外经贸实务》2017年第3期。

　　② 注："经认证的经营者"即 Authorized Economic Operator，简称AEO。《中非签署首个AEO互认》，中华人民共和国海关总署，2021年5月28日，http：//guiyang.customs.gov.cn/customs/xwfb34/302425/3688352/index.html。

保护合作，以及推进地方关际合作等内容的海关合作协议，为双边合作提供法律基础。同时，推动中国与其他非洲国家的海关执法合作，加大打击假冒侵权产品、濒危动植物及毒品走私合作力度，适时谈签《海关行政互助协定》。①

2. 支持非洲提振出口能力

拓宽非洲产品进入中国市场的渠道。在华设立中非经贸博览会，是中非合作"八大行动"第一项行动的第一条举措，是中非合作论坛机制下唯一的经贸活动平台。中非经贸博览会是湖南首个国家级、国际性、常态化的经贸平台。中国—非洲经贸博览会由中华人民共和国商务部与湖南省人民政府共同主办。第一届中国—非洲经贸博览会于2019年6月27—29日在湖南省长沙市举办，博览会以"合作共赢，务实推进中非经贸关系"为主题，聚焦贸易促进、投资推介、农业技术、能源电力、合作园区、基础设施及融资合作等重点领域。2021年9月29日，第二届中非经贸博览会成果发布会在长沙召开。本届博览会共征集到合作项目569个，会期内以现场或连线等方式签约135个，累计金额229亿美元，签约项目的数量和金额均

---

① 武芳、姜菲菲：《扩大自非洲进口的政策思考》，《国际贸易》2018年第6期。

超过首届博览会，结构上更加均衡、资金来源更加多元。①

为支持非洲产品对中国的出口，中国在湖南长沙设立了非洲非资源性产品集散交易加工中心，在浙江义乌设立了非洲产品的展销中心。中国在非洲也专门设立了展销中心，多次组织采购团到非洲进行采购。另外，中国也通过电商平台为非洲带货，推荐非洲的优质产品。例如，2021年9月6日，中非合作论坛非洲产品电商推广季暨《全球国货之光》非洲特别专场直播季启动仪式通过线上、线下方式举行。此次推广季活动由中国互联网协会、海南卫视共同主办，将开启为期三个月的非洲产品线上推广活动。启动仪式上，海南卫视还同中国国际贸易促进委员会湖南分会、中国国际贸易促进委员会金华市委员会等共同发布了"促进非洲产品进口电商伙伴倡议"。

中国还支持非洲国家参加中国国际进口博览会，免除非洲最不发达国家参展费用，欢迎非洲企业参加中国进出口商品交易会、中国国际农产品交易会等重要展会，并提供必要的优惠和便利措施。

积极扩大从非洲的产品进口。2018年，《中非合

---

① 《第二届中非经贸博览会累计签约135个项目金额229亿美元》，中华人民共和国商务部，2021年10月13日，http://xyf.mofcom.gov.cn/article/zhongfei/202110/20211003206884.shtml.

作论坛—北京行动计划（2019—2021年）》指出，中方支持非洲提振出口能力，决定扩大进口非洲商品特别是非洲资源类产品，重点关注扩大非洲含附加值农产品和工业制成品对华出口，支持地方政府和商协会组织企业赴非开展贸易促进活动，定期举办中非品牌面对面活动。《中非合作论坛—达喀尔行动计划（2022—2024年）》进一步指出，中国将积极扩大非洲优质特色农食产品进口，建立非洲农产品输华"绿色通道"，加快推动检疫准入程序。继续加强协作共建中非农产品电商孵化培育中心。将加强中非涉农企业对接，畅通农业贸易投资渠道，进一步扩大双方优质农产品贸易、投资品类和规模，支持中国企业在非投资建设农业产业园。

中国承诺将继续积极落实给予同中国建交的非洲最不发达国家97%税目输华产品零关税待遇承诺，根据双边换文情况给予有关国家上述优惠待遇，并采取有效举措促进受惠国家享惠便利化。与非方在标准、质检、互认等方面积极开展合作，加快非洲产品市场准入程序。2021年1—7月，中非贸易额为1391亿美元，增长40.5%，达到历史同期最高位。特别是中国市场对非洲产品的认可度不断提高，从非洲的进口增长了46.3%，贸易额达到593亿美元，其中橡胶、棉花、咖啡等农产品进口量较上年同期翻了一番。① 根据商务部副部长钱克明的介绍，近年来，中国积极采取措施，扩大非洲非资源性产品的进口，在帮助有关非洲国家增加外汇收入的同时，也更好地丰富了国内市场的供应。比如说，目前我们进口的芝麻、花生等一大批优质农产品，有大部分是来自非洲。又比如说，我们现在在市场上看到的突尼斯的橄榄油、埃塞俄比亚的咖啡（咖啡最早原产于埃塞俄比亚），还有卢旺达的辣椒酱。②

3. 推动中非自贸合作

随着非洲经济发展和中非双边经贸往来不断扩大，通过构建中非自贸区来确立稳定透明的贸易规则成为中非双方的共同诉求。一是经济增长将使非洲各国产生更大的对外贸易需求，通过与域外伙伴缔结自贸协定拓展外部市场将成为政策制定者发展对外贸易的重要选择；二是非洲大陆自贸区促进经贸发展的成功实践，将在一定程度上凸显与贸易伙伴开展自贸区建设

---

① 《国新办举行第二届中国—非洲经贸博览会新闻发布会》，国务院新闻办公室，2021年9月3日，http：//www.scio.gov.cn/xwfbh/xwbfbh/wqfbh/4468 7/46704/wz46706/Document/1711770/1711770.htm.

② 《国新办举行第二届中国—非洲经贸博览会新闻发布会》，国务院新闻办公室，2021年9月3日，http：//www.scio.gov.cn/xwfbh/xwbfbh/wqfbh/4468 7/46704/wz46706/Document/1711770/1711770.htm.

的重要作用，缓解部分非洲国家对开放贸易导致本国经济受冲击的顾虑，减少对贸易保护政策的依赖；三是中非双边贸易不断增长将使双方对完善贸易规则、减少贸易壁垒、增加贸易政策措施透明度和可预见性产生更多诉求。[①] 目前，商务部副部长钱克明与非洲大陆自贸区秘书处秘书长梅内举行视频会谈并签署《中华人民共和国商务部和非洲大陆自贸区秘书处关于成立经济合作专家组的谅解备忘录》。对此，钱克明表示，非洲大陆自贸区建设在促进非洲自身发展振兴的同时，也将为中非经贸关系的发展带来重要机遇。成立经济合作专家组体现了中非双方深化合作的强烈意愿，双方要把专家组打造成促进中非经贸合作高质量发展的务实、高效平台。梅内表示，中国长期以来是非洲的重要合作伙伴，自贸区建成后将为中国出口商、投资者在农产品加工、汽车、金融科技、项目融资等方面提供广阔商机。专家组的成立标志着秘书处与中国商务部建立合作关系，期待双方抓住机遇深化合作，不断推动非中经贸合作迈上新台阶。[②]

[①] 金晓彤、金建恺：《非洲大陆自贸区成立背景下推进中非自贸区建设的建议》，《经济纵横》2021年第11期。
[②] 《钱克明副部长与非洲大陆自贸区秘书处梅内秘书长举行会谈并签署合作文件》，中华人民共和国商务部，2021年11月1日，http://xyf.mofcom.gov.cn/article/cr/202111/20211103213445.shtml.

四　政策建议

中非合作论坛第八届部长级会议通过的《中非合作2035年愿景》（以下简称《愿景》）指出，到2035年，中非结为更紧密的共建"一带一路"合作伙伴。中非秉持共商、共建、共享原则和绿色、开放、廉洁理念，精准对接"一带一路"倡议与非洲发展议程，充分发挥中非合作论坛引领作用，巩固传统合作，开拓新兴领域，加速合作转型升级、提质增效，成果广泛惠及中非人民。《愿景》还指出，中国积极参与非洲大陆自贸区建设。中非基础设施领域合作升级，利用多种合作模式，支持非洲铁路、公路、航运、港口、航空、通信网络发展。中非建立形式多样的贸易投资便利化安排，推动中非贸易投资便利化合作达到更高水平。"一带一路"倡议为建设非洲大陆自贸区注入了强大动力、提供了明确方向。展望未来，中非应进一步加快"一带一路"倡议与非洲大陆自贸区建设相对接，实现合作共赢、共同发展。

1. 加强顶层设计，完善对接机制

2020年年底，国家发展和改革委员会与非盟共同签署了《中华人民共和国政府与非洲联盟关于共同推进"一带一路"建设的合作规划》（以下简称《合作规划》）。《合作规划》是中方同区域性国际组织签署的第一份共建"一带一路"规划类合作文件。根据安排，中国将与非盟委员会建立共建"一带一路"合作工作协调机制，将双方有关执行部门和资源有效对接，构建交流、沟通、磋商的渠道和机制，及时解决规划实施和项目执行中遇到的问题，推动《合作规划》顺利落地。应当说，中非在共建"一带一路"和非洲大陆自贸区方面迈出加强顶层设计的第一步，这为双方后续合作奠定了良好基础。

接下来，中非应围绕如何使"一带一路"对接非洲大陆自贸区建设，完善顶层设计。中国非盟共建"一带一路"合作工作协调机制应聚焦非洲大陆自贸区建设基础设施等短板，优先加强中非基础设施合作同非洲基础设施发展规划Ⅱ期优先行动计划和总统基础设施倡议等旗舰项目对接。真正推动非洲大陆自贸区建设取得前期成果，为今后建立中非自贸区积累经验。同时，对于次区域地区一体化条件比较好的区域和国家，中国应加强与非盟、非洲次区域经济一体化组织及非洲国家的对接，建立四方工作机制，尤其注重发挥次区域经济一体化组织在推动地区一体化中的作用，优先实施和建设一批能产生早期收益的项目，带动后续合作。事实上，非洲次区域组织是当前非洲相邻国家开展经济合作最积极、有效的基本单元。它们既是非洲大陆一体化的依托与基础，又是直接影响非洲国家发展战略安排的重要区域因素，在动员和整合本地区力量方面常有非凡之举。[①]

2. 务实有序推进中非自贸区谈判

在非洲大陆自贸区正式获得与域外伙伴开展自贸谈判的授权之前，中国应先寻求与非盟及非洲大陆自贸区秘书处开展对话与合作，就建立中非自贸区相关问题进行初步探讨，交流自贸区建设经验，以此增加双方互信，以期在条件成熟之前做好相关准备。在推进中非自贸区谈判方面，可充分借鉴中国—东盟自贸区经验，先易后难、由简入繁。一是先探讨构建框架性协议的可能性，就合作意向、谈判议题、时间表等内容达成一致，以启动谈判为优先目标；二是在市场准入方面，采取分批分时逐步减让的方式，随着双方

---

① 范集湘：《发挥中央企业在对非整体外交中的独特优势》，《公共外交通讯》2010年春季号，第88页。

经贸往来不断扩大，循序渐进推进贸易自由化；三是在推进策略方面，可先在合适的开放水平上确定早期收获，后续逐步进行扩展和升级，最终达到较高的开放水平，建立较为全面的贸易规则。①

3. 积极推动中非共建"一带一路"三方或多方市场合作

加快非洲大陆自贸区建设，支持非洲建设统一大市场符合国际社会的整体利益。中非应以非洲大陆自贸区与"一带一路"对接为契机，欢迎更多的国际力量参与非洲大陆自贸区建设。在这一过程中，应该充分按照"非洲提出、非洲同意、非洲主导"的原则，充分支持非洲的自主性。在新冠肺炎疫情背景下，中非双方应将"一带一路"与非洲大陆自贸区建设的重点聚焦于小而精的民生工程，形成更多接地气、聚人心的合作成果。这样的项目，既能迅速使当地民众获益，而且项目本身融资压力小，也更能吸引多边金融机构及发达国家的关注。"一带一路"三方合作的经验表明，项目本身的价值属性和社会效益是推动三方合作的重要动力。中国、意大利、埃塞俄比亚三方建设埃塞吉布3水电站的成功案例表明，着眼民生工程，

---

① 金晓彤、金建恺：《非洲大陆自贸区成立背景下推进中非自贸区建设的建议》，《经济纵横》2021年第11期。

聚焦社会效益，往往能助推三方合作从计划到落实。下一步，"一带一路"应聚焦改善非洲国家的城乡联通道路、村镇级别的微型水利灌溉设施、粮食仓储和基本加工设施、可再生能源电力设施和小型农业机械化设备条件。

4. 积极支持中国民营企业参与非洲大陆自贸区建设

近年来，中非双方的地方政府、私营部门、企业、非政府组织、智库、个人等非国家行为体日益成为中非合作的活跃力量。2020年年末，中国企业对非直接投资存量应不低于560亿美元；民营企业在中国企业对非直接投资规模占比约70%，中非民间商会2021年调研发现，百家重点民营企业对非洲"再投资"比例约30%。[1] 中国企业在投资非洲过程中，为非洲的工业化、民生改善做出贡献，已成为非洲经济包容性发展的推动力之一。[2] 中国应继续鼓励中国民营企业积极参与建设、运营和投资入驻非洲经贸合作区，充分发

---

[1]《中国企业投资非洲——市场力量与民营角色》，中非民间商会，2021年8月26日，http://enimg.cabc.org.cn/uploads/2021/11/09/1636429443.pdf.

[2]《中国企业投资非洲报告：中企助力非洲经济包容性发展》，中华人民共和国中央人民政府，2021年8月26日，http://www.gov.cn/xinwen/2021-08/26/content_5633623.htm.

挥经贸合作区对促进非洲产业发展的重要聚集和辐射作用。鼓励中国民营企业对非投资，特别是在现有和新建的自贸区、工业园、绿色工业园中投资物流和制造业，以增加非洲内部贸易和包括向中国市场出口的非洲对外贸易，为非洲妇女及青年创造大量的就业岗位。

参考文献

中文文献

黄梅波、胡佳生：《非洲自贸区的建设水平评估及其面临的挑战》，《南开学报》（哲学社会科学版）2021年第3期。

黄玉沛：《中非经贸合作区建设：挑战与深化路径》，《国际问题研究》2018年第4期。

林发勤、王蕊：《非洲大陆自贸区新机遇》，《进出口经理人》2019年第12期。

刘鸿武、罗建波：《一体化视角下的非洲历史变迁》，《西亚非洲》2007年第5期。

刘青建：《中非合作发展的先导作用与"一带一路"倡议》，《当代世界》2018年第6期。

刘卫东：《"一带一路"战略的科学内涵与科学问题》，《地理科学进展》2015年第5期。

罗建波：《全球化时代的非洲一体化：理想、现实与出路》，《现代国际关系》2006 年第 8 期。

马汉智：《非洲大陆自贸区建设与中非合作》，《国际问题研究》2021 年第 5 期。

马汉智：《美国"电力非洲倡议"新进展》，《国际研究参考》2020 年第 5 期。

朴英姬：《非洲大陆自由贸易区：进展、效应与推进路径》，《西亚非洲》2020 年第 3 期。

申皓、杨勇：《浅析非洲经济一体化的贸易创造与贸易转移效应》，《国际贸易问题》2008 年第 4 期。

舒运国：《泛非主义与非洲一体化》，《世界历史》2014 年第 2 期。

舒运国：《非洲经济一体化五十年》，《西亚非洲》2013 年第 1 期。

舒运国：《试析早期泛非主义的特点》，《西亚非洲》2007 年第 1 期。

田伊霖：《建设非洲大陆自贸区的机遇与挑战》，《中国投资》2018 年第 13 期。

田伊霖、武芳：《非洲地区贸易便利化：现状评估及对策分析》，《国际经济合作》2018 年第 2 期。

王洪一：《非洲大陆自贸区对中非合作的机遇和挑战》，《中国投资》2019 年第 18 期。

王力军：《非洲大陆自贸区与中国企业在非洲的发展》，《国际经济合作》2019 年第 6 期。

王南:《非洲:"一带一路"不可或缺的参与者》,《亚太安全与海洋研究》2015年第5期。

王学军:《非洲发展态势与中非共建"一带一路"》,《国际问题研究》2019年第2期。

武芳:《以非洲大陆自贸区启动为契机 深化中非经贸合作》,《对外经贸实务》2021年第5期。

肖宇、王婷:《非洲大陆自贸区协定生效对中非经贸合作的机遇与挑战》,《国际贸易》2021年第12期。

姚桂梅:《非洲大陆自贸区与中非经贸合作:影响与对策》,《当代世界》2021年第3期。

姚桂梅:《中非共建"一带一路":进展、风险与前景》,《当代世界》2018年第10期。

张春宇:《非洲大陆自贸区建设进展与中非自贸合作路径探索》,《海外投资与出口信贷》2021年第6期。

赵晨光:《从先行先试到战略对接:论"一带一路"在非洲的推进》,《国际论坛》2017年第4期。

赵晨光:《中非"一带一路"合作机制化建设述评》,《当代世界》2022年第4期。

朱伟东:《〈非洲大陆自贸区协定〉的背景、挑战及意义》,《河北法学》2020年第10期。

程诚:《"一带一路"中非发展合作新模式:"造血金融"如何改变非洲》,中国人民大学出版社2018年版。

国家开发银行、联合国开发计划署、北京大学:《"一带一路"经济发展报告》,中国社会科学出版社2019年版。

江瑞平:《"一带一路"建设中的经济合作机制研究》,世界知识出版社2022年版。

李新烽、杨宝荣:《"一带一路"携手非洲共同发展》,中国社会科学出版社2020年版。

刘伟、张辉主编:《"一带一路":区域与国别经济比较研究》,北京大学出版社2018年版。

杨宝荣:《非洲开放式自主发展与"一带一路"中非产能合作》,经济管理出版社2018年版。

张宏明主编:《非洲发展报告(2020—2021)》,社会科学文献出版社2021年版。

赵晨光:《"非洲发展新伙伴计划"与非洲治理研究》,中国社会科学出版社2016年版。

朱伟东、王琼、史晓曦编译:《非洲大陆自由贸易区法律文件汇编》,社科文献出版社2020年版。

[加纳]理查德·弗林蓬·奥蓬:《非洲经济一体化的法律问题》,朱伟东译,社会科学文献出版社2018年版。

[美]拉尔夫·A. 奥斯丁:《非洲经济史:内部发展与外部依赖》,赵亮宇等译,上海社会科学院出版社2019年版。

外文文献

AfCFTA Secretariat, "The Futures Report: Making the AfCFTA Work for Women and Youth, 2020", AU Assembly, February 5-6, 2022.

African Union, "Decision on the African Continental Free Trade Area (AfCFTA)", February 9-10, 2020.

African Union, "The Digital Transformation Strategy For Africa (2020-2030)".

Franklin Obeng-Odoom, "The African Continental Free Trade Area", *American Journal of Economics and Sociology*, Vol. 79, No. 1, 2020.

IMF, "Sub-Saharan Africa Regional Economic Outlook: Recovery amid Elevated Uncertainty", April 2019.

Katrin Kuhlmann and Akinyi Lisa Agutu, "The African Continental Free Trade Area: Toward a New Legal Model for Trade and Development", *Georgetown Journal of International Law*, Vol. 51, No. 4, 2020.

Kingsley Ighobor, "One Year of Free Trading in Africa Calls for Celebration Despite Teething Problems", *Africa Renewal*, January 5, 2022.

PIDA, "Infrastructure and Industrialization Remain Key Pillars of AfCFTA", January 21, 2021.

The World Bank, "The African Continental Free Trade Area-Economic and Distributional Effects", July 28, 2020.

UNCTAD, "Economic Development in Africa Report 2019-Made in Africa-Rules of Origin for Enhanced Intra-African Trade", October 29, 2019.

Vera Songwe, Jamie Alexander Macleod, Stephen Karingi: "The African Continental Free Trade Area: A Historical Moment for Development in Africa", *Journal of African Trade*, Vol. 8, Issue 2 (Special Issue), December 2021.

附录　非洲主要国家人口

非洲人口过亿的国家包括：尼日利亚、埃塞俄比亚、埃及。非洲人口排名前10位的国家还包括：刚果（金）、南非、坦桑尼亚、肯尼亚、乌干达、阿尔及利亚、苏丹。

尼日利亚是非洲人口最多的国家，约有2.01亿人。尼日利亚所在的西非地区的人口约占非洲总人口的15.5%。尼日利亚是世界上人口第六多的国家，约占全球人口的3%。

埃塞俄比亚位于非洲之角，是非洲大陆第二大人口大国，拥有1.121亿人。尽管它的总面积比尼日利亚大得多，但它的人口略多于尼日利亚的一半。埃塞俄比亚人口占非洲人口的8.6%，占全球人口的1.4%。

埃及是北非第一大国，也是非洲第三大人口大国，拥有1.004亿人，占非洲大陆人口的7.7%。它是世界上人口最多的第14个国家，占全球人口的1.3%。

尽管从地理面积上说，刚果民主共和国是非洲第二大国家，但它是非洲大陆第四大人口大国，拥有8680万人（6.7%）。刚果（金）是世界上人口增长最快的国家之一，从2000年的4700万人增加到目前的8670万人。

南非和坦桑尼亚的人口几乎相等。南非有5850万人，占非洲人口的4.5%，坦桑尼亚有5800万人，占非洲人口的4.46%。但是，坦桑尼亚的人口预计会在2030年之前超过南非。

东非地区的两个邻国肯尼亚和乌干达分别是非洲人口规模排名第7和第8的国家。肯尼亚有5230万人，占非洲大陆人口的4%。

乌干达人口为4430万人，占非洲人口的3.4%。

阿尔及利亚是北非人口第二大国，仅次于埃及。它是非洲第九大人口大国，拥有4310万人。阿尔及利亚是非洲地区最大的国家，是阿拉伯世界人口第三大国。

苏丹是非洲仅次于阿尔及利亚的第二大国家，是非洲大陆第十大人口大国，拥有4280万人。它约占非洲人口的3.3%。

杨宝荣，男，山西五寨人。现任中国社会科学院西亚非洲研究所研究员，经济研究室主任，中国社会科学院大学博士生导师。主要研究方向：非洲债务与发展、非洲产业经济和制度经济、非洲国际合作。

马汉智，男，1990年出生，宁夏吴忠人。2019年毕业于中国社会科学院研究生院，获法学博士学位。2019年7月进入中国国际问题研究院发展中国家研究所工作。主要研究方向：中非关系、非洲发展问题等。在《国际问题研究》《上海经济研究》《科学社会主义》《世界社会主义研究》等核心杂志发表论文数篇。